W0265248

Wortschatztrainer

Französisch

Sven

Wortschatztrainer
Französisch

von
Prof. Dr. Dirk Siepmann und
Barbara Holterhof

Ernst Klett Sprachen
Stuttgart

1. Auflage 1 5 4 3 2 1 | 2014 13 12 11 10

Internetadresse: www.klett.de / www.lektueren.com

Autoren: Barbara Holterhof, Prof. Dr. Dirk Siepmann
Redaktion: Sylvie Cloeren
Layoutkonzeption: grundmanngestaltung, Karlsruhe
Gestaltung und Satz: grundmanngestaltung, Karlsruhe
Umschlaggestaltung: Elmar Feuerbach
Druck und Bindung: AZ Druck und Datentechnik GmbH, Heisinger Straße 16, 87437 Kempten/Allgäu
Printed in Germany

ISBN 978-3-12-519533-2

Inhaltsverzeichnis

Vorwort 6

I Der Mensch
1 Angaben zur Person 31
2 Der menschliche Körper 35
3 Gesundheit und Medizin 38
4 Psyche, Geist und Verhalten 41

II Der Alltag
5.1 Essen und Trinken, Kochen, Backen, Gerichte 45
5.2 Kleidungsstücke, Einkaufen 48
6 Wohnen 51
7.1 Familienleben 55
7.2 Soziale Gruppen, Lebensbedingungen und Verhalten 57

III Sprache, Medien und Kommunikation
8 Sprachliche Kommunikation 61
9.1 Telekommunikation 62
9.2 Post 63
9.3. Fernsehen, Radio 64
9.4 Bild- und Tonträger, Presse und Bücher 65
9.5 Multimedia, Computer, Internet 67

IV Bildung, Arbeitswelt und Wirtschaft
10 Lernen, Bildung, Wissenschaft 71
11 Berufs- und Arbeitswelt 74
12 Wirtschaft und Geschäftsleben 79

V Freizeit
13 Freizeit, Unterhaltung, Sport und Spiel 85
14 Reisen und Tourismus 88

VI Umwelt und Verkehr
15 Verkehr 92
16 Natur, Umwelt, Ökologie 95

VII Politik, Kunst und Kultur
17 Staat, Recht, Politik 100
18 Bildende Kunst, Musik, Literatur 103
19.1 Geschichte 107
19.2 Religion, Philosophie 110

VIII Abstrakta
20 Zeit und Raum 112
21 Farben und Formen 115
22 Mengen, Maße, Zahlen 117

IX Allgemeine Begriffe und Strukturen
23 Allgemeine Begriffe und Strukturen 120

Lösungen 122

Übersicht über die verwendeten Symbole und Abkürzungen 160

Bildquellenverzeichnis 160

So benutzen Sie dieses Buch

Der vorliegende *Wortschatztrainer Französisch* gliedert sich in drei Teile.

Im einleitenden ersten Teil finden Sie Informationen, die Ihnen helfen, Ihr Wortschatztraining zu optimieren. Die dort vorgestellte theoretische Basis rund um das Thema **Wortschatz – lernen, behalten und erweitern**, wird durch zahlreiche **freiere Lernangebote**, die das Wortschatzlernen in Verbindung mit anderen kommunikativen Fertigkeiten (Hören, Lesen, Sprechen, Schreiben, Übersetzen/Mediation) bringen, ergänzt. Hier finden Sie vielfältige Möglichkeiten, Ihre persönliche Wortschatzarbeit in den regelmäßigen Umgang mit der Fremdsprache zu integrieren und so beständig den Wortschatz zu erweitern.

Der Hauptteil des Buches besteht aus **thematisch gegliederten Wortschatzübungen**. In 9 Kapiteln können Sie Vokabular aus insgesamt 23 Themenbereichen mithilfe des gesamten Repertoires an Übungsformen, die die Fremdsprachendidaktik für das Wortschatzlernen entwickelt hat, üben, wiederholen und anwenden und so fest im Gedächtnis verankern. Auch bei diesen Übungen, ist es unser Ziel, Strategien vorzustellen, anhand derer Sie die Struktur und Eigenschaften des französischen Wortschatzes besser durchdringen und so den Wortschatz besser behalten und kommunikativ angemessen einsetzen können.

Im dritten Teil finden Sie die **Lösungen** zu allen Aufgaben. Einige Übungen verlangen eine individuelle Lösung. Hier haben wir Musterlösungen für Sie zusammengestellt, die den sprachlichen Rahmen widerspiegeln, den die jeweilige Aufgabe verlangt.

Da der Wortschatztrainer thematisch angelegt wurde, muss und soll das Buch nicht in einer chronologischen Reihenfolge durchgearbeitet werden. Wählen Sie für Ihr Training das Thema, das gerade für Sie relevant ist. Die Wahl kann durch eine bevorstehende Prüfung, eine Klassen- oder Studienarbeit oder einfach durch Ihr aktuelles Interesse bestimmt sein.

Da Wortschatztraining eine sehr individuelle Sache ist, ist es wichtig, dass Sie das für Sie relevante Vokabular strukturiert sammeln und erfassen. Legen Sie sich für Ihre Arbeit mit diesem Buch ein **Wortschatzheft** an, in dem Sie zum einen die Bearbeitung der Übungen erfassen – etwa der Übersetzungsübungen – und zum anderen Ihren persönlichen Wortschatz sammeln. Denn die Arbeit mit dem *Wortschatztraining Französisch* wird Ihnen viele Anregungen für die Erweitungen des Vokabulars über die vorliegenden Inhalte hinaus geben. Um diesen neuen Wortschatz korrekt zu erfassen, empfiehlt sich die Arbeit mit einem **thematischen Lernwortschatz** (z. B. *Thematischer Grund- und Aufbauwortschatz Französisch* von Klett oder *Mots et contexte* von Klett) oder mit einem **einsprachigen Wörterbuch** (z. B. *Le Nouveau Petit Robert* von PONS).

Für einige Übungen ist der Gebrauch der **CD des TGAW** hilfreich: so können Sie z. B. Ihre Rechtschreibung trainieren oder Wortschatzeinheiten rein „mental" wiederholen.

Viel Spaß und Erfolg beim Wortschatztraining!
Das Autorenteam

Wortschatz – lernen, behalten und erweitern

Wie viel Training, wann, wo und wie?

Ein effektives Lernen setzt die Schaffung und Einhaltung bestimmter **Rahmenbedingungen** voraus. Sie sollten sich einen festen Arbeitsplatz einrichten und diesen so gestalten, dass Sie sich dort wohl fühlen. Legen Sie einen festen Zeitpunkt für Ihr Wortschatzlernen fest und halten Sie diesen ein. Natürlich gibt es auch Lerner, die lieber unterwegs lernen (z. B. während einer Fahrt in der U-Bahn). Probieren Sie aus, was Ihnen am besten liegt, aber legen Sie den Rahmen fest!

Lernen und wiederholen Sie den Wortschatz kurz, in kleinen Portionen, aber oft! Für viele Lerner hat sich ein tägliches Wortschatztraining von 15 bis 30 Minuten mit 5 bis 10 Einheiten als effektiv erwiesen. Erfahrenere Lerner können auch größere Einheiten verarbeiten. Aus der Gedächtnisforschung ist bekannt, dass ca. sieben Wiederholungen im Regelfall zum vollständigen Behalten einer Wortschatzeinheit genügen. Nach Möglichkeit sollten diese Wiederholungen in immer größer werdenden Abständen durchgeführt werden.

Vor der Benutzung des *Wortschatztrainers Französisch* empfiehlt es sich, zweisprachige Wortschatzgleichungen (Wörter, Konstruktionen) zu sammeln – etwa unter Zuhilfenahme eines thematischen Lernwortschatzes oder anhand von „echten Texten" (Bücher, Zeitungen, Internet, Fernsehen, Filme und Radiobeiträge). Dabei sollten die Wörter und Konstruktionen mehrmals laut ausgesprochen und – je nach persönlichem Lernstil und Lernstand – auch geschrieben werden. Fortgeschrittene Lerner werden sich in der Regel die Schreibweise eines neuen Wortes auch merken können, ohne dies erneut schriftlich festzuhalten. Das Behalten des Wortschatzes kann durch verschiedene Memotechniken („Eselsbrücken") erleichtert werden:

- **Schlüsselwortmethode:** suchen Sie für das fremdsprachliche Wort zunächst ein phonetisch ähnliches Wort in der Muttersprache und verbinden Sie dann das Schlüsselwort mit dem zu erlernenden Wort in einem mentalen Bild; so kann man sich z. B., um das französische Wort *montre* zu behalten, ein Monster vorstellen, das eine Armbanduhr trägt.
- **Visualisierung und inneres Fühlen / Hören / Schmecken / Riechen / Ertasten:** den Inhalt einer Wortschatzeinheit zeichnen; besondere Eigenschaften einer Wortschatzeinheit durch Unterstreichung oder farbige Markierung hervorheben; die Wortschatzeinheit mit einem Gedankenbild verbinden; die Wortschatzeinheit gedanklich erfühlen (*ça pique au nez*).

- **Mimik und Gestik**: zu vielen Wortschatzeinheiten (z. B. *tourner la clé de contact*) lassen sich entsprechende Bewegungen durchführen; mit anderen (z. B. *dégoûtant*) lässt sich ein bestimmter Gesichtsausdruck verbinden oder gar der ganze Körper einsetzen (z. B. bei *avoir le vertige*).
- **wörtliche Übersetzung**: durch wörtliche Übersetzung in die Muttersprache können Verfremdungseffekte erzielt werden, die zu höherer Behaltensleistung führen (z. B. *le théâtre des opérations* ▸ *Theater der Operationen* statt *Kriegsschauplatz*).

Eine weitere Möglichkeit, die Lernportionen zu bearbeiten, stellt das **Karteikartenlernen** dar. Dabei fertigen Sie für jede Worteinheit eine Karteikarte an. Jede Karte sollte ein Wort und/oder eine oder mehrere zusammenhängende Strukturen enthalten. Wenn möglich, sollte auch ein Beispielsatz aufgeführt werden. Auf der Vorderseite der Karte findet sich der französische Eintrag, auf der Rückseite die deutsche Entsprechung. Beim Schreiben sollten Sie die französischen Texte mitlesen und -sprechen. Um die deutschen Entsprechungen aufzunehmen, sollten Sie diese bei der Übertragung stumm mitlesen.
Heutzutage ist auch der Einsatz von Vokabeltrainersoftware möglich, die das Karteikastenprinzip simuliert. Ein Vorteil liegt darin, dass der Vokabeltrainer die richtigen Zeitabstände zur Wortschatzwiederholung vorgibt und die Karten automatisch sortiert.

Wie unterstützt mich der *Wortschatztrainer Französisch* beim Lernen?

Der *Wortschatztrainer Französisch* liefert wertvolle Anregungen für die weitere Umwälzung des Wortschatzes und kann nach einer ersten Phase des Auswendiglernens des Zielwortschatzes eingesetzt werden. Neben der wichtigen Testfunktion („Habe ich die Wortschatzeinheiten behalten und kann sie richtig einsetzen?“) bietet der Trainer vielfältige Möglichkeiten der tieferen Verankerung des Wortschatzes im Gedächtnis, die über ein reines Auswendiglernen weit hinausgehen und den Wortschatz in reale Kommunikation einbetten. So ist es z. B. für viele Wortschatzeinheiten sinnvoll, eine Verbindung mit der **eigenen Erfahrungswelt** herzustellen.

10.6 **Schreiben Sie einen stichwortartigen Bericht mit dem Titel „Une journée dans la vie d'un étudiant". Ist Ihnen das Leben an der Schule näher, dann beschreiben Sie doch diesen Alltag. Der Anfang könnte so aussehen:**

7 h 30 Le réveil sonne! Saute du lit. Douche. Remplis ma tasse de café fort. Rajoute deux sucres.

8 h Prends mon vélo et vais …

Sie können die Wortschatzeinheiten auch in eine typische **Alltagssituation** einbetten oder zu zusammenhängenden Wörtern einer Lerneinheit eine **Geschichte** oder einen **Dialog** erfinden.

5.2.4 **Erstellen Sie Top-10-Listen:**

Ce que j'achète régulièrement	Ce que je n'achète jamais
1. ________	1. ________
2. ________	2. ________
3. ________	3. ________
4. ________	4. ________
5. ________	5. ________
6. ________	6. ________
7. ________	7. ________
8. ________	8. ________
9. ________	9. ________
10. ________	10. ________

Ebenfalls hilfreich ist das **Bilden von Sätzen** mit einem neuen Wort. Dabei sollte ein thematischer Lernwortschatz oder ein einsprachiges Wörterbuch zu Hilfe genommen werden, um weitere Eigenschaften (Wortpartner und grammatische Eigenschaften) und weitere Kontexte des Wortes kennen zu lernen.

Das vorliegende Übungsbuch macht den Versuch, den engen Zusammenhang von Wortschatzlernen und anderen kommunikativen Fertigkeiten aufzuzeigen. So bietet der *Wortschatztrainer Französisch* zum Beispiel **Aktivitäten zu authentischen Hör- und Lesetexten** an, die wiederum zum weiteren Ausbau des Wortschatzes beitragen.

16.4 Auf der folgenden Webseite finden Sie eine Hörverstehensübung zum Ökotourismus (l'écotourisme au Liban): *http://www.rfi.fr/lffr/pages/001/accueil_exercice_ecoute.asp* **Hören Sie den Text zunächst vollständig; versuchen Sie dann in einem zweiten Durchgang, einen kleinen Text auf der Grundlage der folgenden Fragen zu verfassen.**

1. Quelle est la particularité du Liban ?
2. Pourquoi la biodiversité est-elle menacée dans ce pays ?
3. Quel est l'objectif du guide que vient de publier la personne interviewée ?

Zu den **produktiven Fertigkeiten des Sprechens und Schreibens** werden ebenfalls Übungsvorschläge gemacht; für diese kreativen Übungen können aus nahe liegenden Gründen nicht immer Musterlösungen angeboten werden. Häufig wird auch ein klarer Bezug zwischen Weltwissen (enzyklopädischem Wissen) und Wortschatz hergestellt.

17.3 Erklären Sie mündlich wie man Boules (oder Pétanque) spielt. Aber machen Sie sich zur Vorbereitung ein paar Notizen.

Warum muss man Wortschatz „pauken"?

Da Sie dieses Buch in Händen halten, gehören Sie sicherlich zu den Fremdsprachenlernern oder -lehrern, die vom Wert der konsequenten Wortschatzarbeit auch oder gerade für fortgeschrittene Lerner intuitiv überzeugt sind.
Aber warum müssen wir überhaupt so hart und konsequent an der Festigung und Erweiterung unseres Wortschatzes arbeiten – beim kindlichen Spracherwerb werden ja auch keine Vokabeln „gepaukt"?
Die Antwort liegt auf der Hand, wenn man zum einen bedenkt, dass Kinder viel „übungsintensiver" ihre Muttersprache erwerben als ein Fremdsprachenlerner seine Fremdsprache. Bis zum Alter von 6 Jahren ist ein Kind der Muttersprache ca. 20.000 Stunden ausgesetzt. Der Fremdsprachenlerner kommt in 6 Jahren Unterricht vielleicht auf 800 Stunden. Zum anderen „pauken" auch Kinder in gewisser Weise Wortschatz: das Kind lernt von den Eltern oder in seiner Umgebung ständig neue, primär lexikalisch geprägte Konstruktionen (das heißt typische Wortverbindungen: z. B. *j'ai pris peur*), die es durch Wiederholung festigt.

Mit dem unterrichtlichen Fremdsprachenlernen verhält es sich in der Regel völlig anders als mit dem natürlichen Erst- oder Zweitsprachenerwerb. Kann ein Grundwortschatz von geringem Umfang (500 – 1000 Wörter) noch allein durch beständige Umwälzung gefestigt werden, so sind für den weiteren Ausbau des Wortschatzes besondere, bewusste Anstrengungen notwendig. Selbst wenn man 30 Romane pro Jahr läse, betrüge der Wortschatzzuwachs durch auf unbewusst-zufällige Aufnahme vertrauendes Lernen nur ca. 1000 Wörter pro Jahr. Dies liegt daran, dass zum dauerhaften Behalten eines Wortes eine mehrfache Wiederholung nötig ist, Wörter oberhalb einer bestimmten Frequenzstufe aber zu selten in Texten auftauchen, um eine regelmäßige Wiederholung zu ermöglichen. Und welcher Lerner liest schon eine derartige Menge an Literatur? Aus dem gleichen Grund ist auch ein Auslandsaufenthalt nicht als Allheilmittel gegen die geringe Wortschatzkompetenz anzusehen. Der Aufenthalt wird in jedem Fall zu kurz ausfallen, um ohne entsprechende zusätzliche Maßnahmen genügend Wortschatz aus einer kleinen Auswahl von Alltagssituationen zu schöpfen. Die Erfahrung zeigt dementsprechend, dass jene Lerner, die ein Jahr oder mehr im Ausland verbringen, zwar weniger Sprechhemmungen und einen größeren Sprechwortschatz haben, aber im Regelfall keineswegs über einen wirklich differenzierten Wortschatz verfügen, insbesondere dann nicht, wenn sie nicht schon mit einem großen Wortschatz ins Ausland gegangen sind.

Was ist also zu tun, um einen Wortschatz jenseits der ersten 1.000 Wörter zu lernen? Und wie viel Wortschatz benötigt man überhaupt? Ist es Ihr Ziel, einen Wortschatz ähnlich dem eines gebildeten französischen Muttersprachlers zu beherrschen, dann sollten Sie (je nach Zählart) rund 20.000 Wortfamilien (also z. B. *paraître, la parution, apparaître, l'apparition, l'apparence, disparaître, la disparition*) aktiv beherrschen und rund 50.000 Wörter verstehen.
Vielleicht ist es aber ermutigender, am unteren Ende der Wortschatz-Skala zu beginnen. Forschungen haben ergeben, dass es im Französischen ca. 2.000 Wörter gibt, die in so hoher Frequenz erscheinen, dass sie mehr als 80% aller Texte abdecken. Allerdings sollte man daraus nicht den Fehlschluss ziehen, dass man schon mit einem relativ geringen Wortschatz von 2.000 – 3.000 Wörtern 80% eines Durchschnittstextes „verstehen" könne. Gemeint ist eben, dass mit einem solchen Wortschatzumfang 80% der Wörter eines durchschnittlichen Textes bekannt sind. Da damit jedoch jedes fünfte Wort unbekannt bleibt, wäre es wohl vermessen, von einem wirklichen Textverständnis zu sprechen. Das Textverständnis hängt an den Wörtern, die nicht so häufig vorkommen.
Der Wortschatz, der in der Schullaufbahn erwartet wird, umfasst rund 3.000 Wörter (damit kann jedoch streng genommen das Niveau B2 des Gemeinsamen Europäischen Referenzrahmens nicht erreicht werden):

Muttersprachler	**C2** **C1**	ca. 150.000 Konstruktionen	ca. 20.000 Wörter (d. h. insgesamt ca. 35.000 Wörter)
Aufbauwortschatz	**B2** **B1**	ca. 50.000 Konstruktionen	ca. 13.500 Wörter
Grundwortschatz	**A2** **A1**	ca. 3.000 Konstruktionen	ca. 1.500 Wörter

Hat man sich ein annähernd muttersprachliches Wortschatzniveau als Ziel gesetzt, führt am bewussten und gezielten Wortschatzlernen also kein Weg vorbei. Zur Stützung der bewussten Wortschatzerweiterung benötigt man allerdings geeignete Selbstlernstrategien sowie ein zutreffendes Bild von der Struktur des Wortschatzes. Denn nur was man versteht, kann man auch sinnvoll lernen. Im Folgenden finden Sie demgemäß eine Einführung in Wortschatzstruktur und Methodik des Wortschatzerwerbs.

Was ist eigentlich Wortschatz?

Wortschatz macht uns die Welt gedanklich verfügbar. Dingen und Vorstellungen, für die wir keine Worte haben, schenken wir im Alltagsleben auch keine besondere Aufmerksamkeit. Unsere Nase, Augen, Hände, Füße sind uns wichtig; wir können sie bezeichnen. Der Raum zwischen Nase und Oberlippe etwa scheint uns weniger zu beschäftigen; er ist im Gehirn kaum repräsentiert und wir haben eben auch kein Wort für ihn.

Wenn von *Nase*, *Augen*, *Händen* und *Füßen* die Rede ist, oder eben auf Französisch von *un nez*, *un œil / des yeux*, *des mains* und *des pieds*, könnte man zu dem Schluss gelangen, dass Fremdsprachenlernen nur darin besteht, bereits bekannten Objekten oder Handlungen neue Etiketten aufzukleben. So kann ich z. B. das Verb *regarder* mit allen oben genannten Substantiven verbinden und erhalte korrektes Französisch (*regarde tes mains / pieds / …*). Solche konkreten Substantive lassen sich also häufig leicht lernen und in vielen Fällen richtig einsetzen. Allerdings gilt es bereits hier zweierlei zu beachten:

a) Auch im konkreten Bereich teilen verschiedene Sprachen die Wirklichkeit unterschiedlich auf. Man denke nur an die deutschen Begriffe *Haar* oder *Straße*, dem im Französischen *un poil* oder *un cheveu* bzw. *une rue* oder *une route* entsprechen.
b) Auch solche Konkreta unterscheiden sich in ihrem (kon-)textuellen Gebrauch. Sätze wie *j'ai les pieds gelés* (nicht: **j'ai des / les pieds froids*) oder *cette étoile est difficile à voir à l'œil nu* oder Wortverbindungen wie *enfoncer / planter un clou* lassen sich aus deutscher Sicht nicht vorhersagen und müssen mit den entsprechenden Konkreta gelernt werden.

Während also Sprecher ähnlicher Sprachen über ein relativ ähnliches Weltwissen verfügen, ist ihr Wortschatzwissen in vielerlei Hinsicht unterschiedlich strukturiert. Ein Franzose und ein Deutscher haben ein relativ ähnliches Weltwissen darüber, was man sich unter einer *Autobahn* vorzustellen hat (Straße nur für Kraftfahrzeuge; mehrere Spuren in beide Richtungen; Ein- und Ausfahrten usw.). Sie teilen auch konnotatives Wissen (d.h. bestimmte Assoziationen) über diesen Wirklichkeitsbereich (auf Autobahnen gibt es Staus; es gibt Probleme mit Dränglern usw.). Nicht gemeinsam sind ihnen jedoch die typischen Verbindungen, die die Wörter *une autoroute* und *Autobahn* eingehen. Sagt der Deutsche typischerweise *von der Autobahn abfahren*, so spricht der Franzose häufig von *quitter l'autoroute*. Wo der Deutsche von *eine Autobahnanbindung haben* spricht, sagt man in Frankreich *être desservi par autoroute* (usw.). Wie solche natürlichen Formulierungseinheiten am besten zu erlernen sind, lesen Sie weiter unten.

Noch komplizierter werden die Verhältnisse, wenn man den Bereich der Konkreta verlässt. Das Abstraktum *Gemütlichkeit* z. B. - ein klassischer Fall von begrenzter Übersetzbarkeit - erlaubt es dem Sprecher des Deutschen, eine ganz bestimmte Situation oder Empfindung in all ihren Aspekten (Ruhe und Frieden, behagliche Atmosphäre, Geselligkeit ...) auf bequeme Weise zusammenzufassen. Hier macht sich der Deutsche eben einen Ausschnitt seiner Erfahrungswelt verfügbar, der z. B. für einen Franzosen so nicht existiert. Zugleich kann er sich ironisierend dazu äußern (z. B. „in offiziellen Ansprachen darf auch die Gemütlichkeit nicht zu kurz kommen") und wird vom kompetenten Sprecher des Deutschen sofort richtig verstanden. Was nun typische komplexe Sachverhalte angeht, die man durch Wortverbindungen mit *Gemütlichkeit* bildet, so findet man z. B. *die Gemütlichkeit pflegen* (wozu in Deutschland auch das „gepflegte Pils" gehört), *Gemütlichkeit ist angesagt* oder *ein Hauch von Gemütlichkeit*. Solche Sachverhalte lassen sich kaum adäquat in eine Fremdsprache übertragen, und Sprachenlernen entpuppt sich hier als viel mehr als ein bloßer Etikettenwechsel.

Zwischen den beiden Extremen ähnlicher Konkreta und unübersetzbarer Abstrakta liegt ein weiter, kaum überschaubarer Bereich sprachspezifischen Wortgebrauchs. Um eine Bresche in dieses Dickicht schlagen zu können, benötigen Sie ein grundlegendes Verständnis zweier relativ klar unterscheidbarer Eigenschaften des Wortschatzes:

1. der grammatischen Kombinatorik (fachsprachlich „Valenz")
2. der Wortkombinatorik (fachsprachlich „Kollokativität").

Bei der grammatischen bzw. syntaktischen Kombinatorik geht es um den Satzbau bzw. die Konstruktionen, in denen ein Wort gebraucht werden kann. Hier am Beispiel des Verbs *offrir:*

Je lui ai offert un bouquet de fleurs.

Das Verb *offrir* verlangt hier zwei **Ergänzungen** (z. B. wie in diesem Fall ein indirektes und ein direktes Objekt), die in gegenseitiger Abhängigkeit mit dem Verb stehen, wobei die Ergänzung *lui* nicht unbedingt notwendig, also **fakultativ** ist, während die Ergänzung *un bouquet de fleurs* **obligatorisch** ist. Würde man in dem Satz *un bouquet de fleurs* weglassen, würde er ungrammatisch: **je lui ai offert.*

Neben den Ergänzungen gibt es auch **Angaben**. Diese stehen in einseitiger Abhängigkeit zum Verb. In dem Satz *Je lui ai offert plusieurs bouquets de fleurs cette année* hängt *cette année* nicht von dem Verb *offrir* ab. Wörterbücher liefern Informationen zu Ergänzungen, nicht aber zu Angaben.

Die Zahl und Art der **Ergänzungen**, die ein Wort verlangt oder zulässt, ist durch den Sprachgebrauch festgelegt und unterscheidet sich auch bei relativ gleichbedeutenden Wörtern von Sprache zu Sprache. Nehmen wir die Beispiele *enseigner* und *unterrichten.*

Hier kann man im Deutschen sagen:	*Ich habe die Kinder unterrichtet.*
Das Verb bietet also die Konstruktionsmöglichkeit:	N(Nominativ) + V + N(direktes Objekt)

Nun könnte man als Deutscher auf die Idee kommen, diese Konstruktion im Französischen nachzubilden; das Ergebnis wäre ein

ungrammatischer Satz:	**J'ai enseigné les enfants.*
Richtig dagegen ist im modernen Französisch:	*J'ai enseigné aux enfants.*

Das französische Verb *enseigner* kommt also in folgenden Konstruktionen vor:

N + enseigner + à N (J'ai enseigné à des adultes.)
N + enseigner + N + à N (J'enseigne le japonais à des adultes.)

Wie die Übersetzung der letztgenannten Konstruktion im TGAW zeigt, unterscheidet sich auch diese vom deutschen Verb *unterrichten*: *Ich unterrichte Erwachsene in Japanisch* (S. 158).

Zusammenfassend kann man also sagen, dass ein Wort verschiedene Leerstellen eröffnet, die mit einer bestimmten Art von Ergänzung (Substantive, Adjektive, Infinitivsätze usw.) gefüllt werden müssen. Über die Art der Ergänzungen, die mit einem Wort stehen können, die Verb-, Substantiv- und Adjektivkonstruktionen also (im Französischen spricht man von „des patrons" oder „des schémas (valenciels)"), geben vor allem einsprachige Lernerwörterbücher Auskunft. Im TGAW sind typische Konstruktionen in zahlreichen Beispielsätzen illustriert.

Die Wahl der Ergänzungen (die Füllung der Leerstellen) hängt jedoch nicht nur von den syntaktischen Eigenschaften des jeweiligen Wortes ab. Zu den Eigenschaften, die den Satzbau betreffen, kommen häufig Beschränkungen hinsichtlich der Bedeutungen der Wörter, die als Ergänzungen fungieren, hinzu. So lässt ein Wort wie *s'échapper* in der Bedeutung *ausweichen* nur Wörter als Subjektergänzung zu, die den lexikalischen Feldern *gaz* oder *liquide* entstammen:
***Le pétrole** s'échappait de la citerne.*

Wörter mit ähnlicher Bedeutung gehen häufig gleiche oder ähnliche Konstruktionen ein. Ist man sich dessen bewusst, kann man den Lernprozess häufig vereinfachen. Beispielsweise haben die folgenden Verben, die die Übertragung von einer Person auf eine andere bezeichnen, alle eine Konstruktion gemein:

donner, assurer, fournir, laisser, lancer, mettre, passer			
N	**V**	**N**	***à* + N**
Le prof	*a mis*	*une bonne note*	*à tous les élèves.*
Nasri	*a passé*	*le ballon*	*à Beye.*
Il	*a donné*	*la bonne réponse*	*à l'examinateur*
Elle	*a lancé*	*la corde*	*à son coéquipier.*

In ähnlicher Weise werden alle Adjektive, die etwas Typisches bezeichnen, mit *de* konstruiert:
typique / caractéristique / représentatif / symptomatique (usw.) *de* N

Mit der Einbeziehung der Wortbedeutung in die grammatische Kombinatorik sind wir an der (fließend zu verstehenden) Grenze zur Wortkombinatorik angelangt. Viele Wörter gesellen sich mit Vorliebe zu einer kleinen Auswahl ganz bestimmter Wortpartner (fachsprachlich „Kollokatoren"); die so gebildeten Wortkombinationen oder „**Kollokationen**" (Wort A + Wort B [+ Wort n], z. B. *prendre de l'importance* oder *faire / prononcer un discours*) unterscheiden sich wiederum häufig von Sprache zu Sprache:

Französische Wortpartner	Deutsche Wortpartner
prendre le maillot jaune	*das gelbe Trikot übernehmen (Radsport)*
monter au filet	*ans Netz gehen (Tennis)*
heurter la vraisemblance	*gegen die Gesetze der Wahrscheinli-chkeit verstoßen (Literaturanalyse)*
la pluie s'abat	*der Regen geht nieder*
un âge avancé	*ein hohes Alter*
un bon créneau	*eine lohnende Marktlücke*
des pouvoirs étendus	*umfangreiche Kompetenzen / ausgedehnte Machtbefugnisse / weitgehende Kompetenzen*
manquer cruellement	*sehr fehlen*
bien / fermement charpenté	*gut / solide aufgebaut (Buch, Aufsatz)*
une bande de loups	*ein Rudel Wölfe*

Wie bei der grammatischen Kombinatorik lässt sich außerdem eine gewisse Bedeutungsabhängigkeit feststellen. Wörter mit ähnlicher Bedeutung bilden häufig ähnliche Kollokationen, wie die folgenden Beispiele zeigen:

un discours / une présentation / une allocution + faire
un gouvernement / une entreprise / un parti politique / un syndicat / une organisation + diriger
une affinité / un lien / une ressemblance / une parenté + étroit(e)
la presse / la tradition / la rumeur / la croyance populaire + prêter à
(la rumeur lui prête des vertus aphrodisiaques)

Zusammenfassend lässt sich also sagen, dass in der Kombinatorik eine auf den ersten Blick verblüffende Regelmäßigkeit und Systematik herrscht, die Sie sich auch durch den häufigen Gebrauch von Kollokationswörterbüchern und Valenzwörterbüchern erschließen können.
Gelegentlich jedoch sind Kollokationen auch „einzigartig", z. B.:

la conscience + tranquille	*un orage + sec*

Aus der oben vorgenommenen Reihung (zuerst das Substantiv, dann das Verb oder Adjektiv) ist ersichtlich, dass Kollokationen in erster Linie bei der Sprachproduktion problematisch sind: Man fragt sich z. B., mit welchem Verb man das Substantiv *discours* gebrauchen kann und findet *faire*. Bei der Sprachrezeption, d.h. beim Hören oder Lesen eines Satzes wie *Il a fait un discours intéressant*, bleibt die darin enthaltene Kollokation häufig unbemerkt.
Legen Sie also unbedingt beim Hören oder Lesen französischer Texte immer wieder ein bewusstes Augenmerk auf Kollokationen und vergleichen Sie diese mit den entsprechenden Formulierungen in Ihrer Muttersprache. Betreiben Sie also eine Art mentale Übersetzung! Dabei kann es hilfreich sein, sich zunächst einmal die häufigsten Typen von Kollokationen, wie in der folgenden Tabelle aufgelistet, bewusst zu machen:

Kollokationstyp	**Beispiele**
N + Attribut (adjektivisch, präpositional, infinitivisch)	*un gros mal* *une réaction à chaud* *une vue à couper le souffle* *une nappe de brume* *un froid de canard* *le lieu de prédilection*
N + Gen. subiectivus	*la consommation des ménages*
N + Gen. obiectivus	*la consommation d'énergie* *la dépense d'énergie* *la sacralisation des loisirs* *la pose d'un stérilet*
V + Adv	*attendre avec impatience* *prendre qc avec philosophie* *rabrouer qn vertement*

Adv + Adj	*follement amoureux* *grièvement blessé* *frais émoulu*
Adv + Adv	*voire carrément* *loin derrière*
V + Inf	*chercher à comprendre qn/qc* *essayer de trouver qn/qc* *essayer de voir qn/qc* *oser prétendre qc*
N(S) + V	*les choses bougent* *le tonnerre gronde*
V + N(O)	*se vider le cœur* *crocheter une serrure*
Adj + Präp + N	*blême de peur* *transi de froid* *prêt au compromis*
V + PP	*rougir de honte* *tirer qn du ruisseau* *guetter derrière le rideau* *piaffer d'impatience*
V + Attribut (Prädikatsnomen / Objektattribut)	*tomber amoureux* *garder qc (au) chaud* *maintenir qc en éveil* *avoir le / la ... facile*
Adj + Inf	*facile à vivre* *agréable à fréquenter* *difficile à atteindre*
N / V / Adj / Adv / Partikel + Kollokation / Phrasem / Adv	*le suspense / problème / mystère reste entier* *un homme d'un certain âge* *un ami de longue date* *en butte aux critiques* *un petit coin tranquille* *avoir un geste déplacé* *la neige tombe à gros flocons* *pas follement original*

Wie man der Tabelle entnehmen kann, beschränkt sich das Spektrum der Kollokationen nicht nur auf Zweierkombinationen (auch wenn diese zahlenmäßig dominieren). Man stößt auch häufig auf typische Dreierkombinationen wie *pas follement original* oder *un ami de longue date.*
Außerdem kann man natürlich aus vorhandenen zweigliedrigen Kollokationen selbst Dreierverbindungen bilden, etwa anhand eines Schemas wie des folgenden:

Verben	Nomina
donner	
citer	
(re)prendre	*+ un / l'exemple*
fournir	

Adjektive	Nomina	Adjektive
bel		
bon		
	+ exemple +	*probant*
		adéquat
		typique

Anhand dieses Schemas lassen sich 20 korrekte Dreierverbindungen bilden, die zur Beschreibung der Beispielgebung eines Autors verwendet werden können, also z. B.

l'auteur cite un bel exemple de… oder
l'auteur fournit un exemple probant de…

Wörter haben noch weitere Gebrauchseigenschaften, die das Interesse fortgeschrittener Fremdsprachenlerner verdienen, obwohl sie in Wörterbüchern oder Grammatiken bisher nicht abgebildet werden. So treten bestimmte Wörter wie z. B. *euphorie* (im Gegensatz zu seinem Synonym *enthousiasme*) bevorzugt als Ergänzungen und als Rahmen einer Handlung auf:

Le pays a baigné dans une certaine euphorie.
Dans l'euphorie actuelle, tout le monde semble aspirer au bonheur.
(Blumenthal 2006 : 269)

In ähnlicher Weise bevorzugen manche Wörter bestimmte syntaktische und textuelle Umgebungen. Ein Ausdruck wie *erschwerend kommt hinzu, dass* (auf Französisch z. B. *la difficulté est accrue du fait que*) kommt z. B. bevorzugt in Wissenschaftstexten vor und wird zur Einführung eines zweiten Kritikpunktes oder eines zweiten Problems verwendet.

Es zeigt sich also, dass man nur über eine sehr eingeschränkte Freiheit im Gebrauch des Wortschatzes verfügt. Wenn Sie in der Fremdsprache ein hohes Maß an Verständlichkeit erreichen möchten, ist es unabdinglich, nicht allzu weit von den schmalen kollokativen Pfaden abzuweichen, die die Muttersprachler vorgezeichnet haben. Diese Pfade werden sowohl durch die Außenwelt, d.h. den herrschenden Zeitgeist, als auch durch die Innenwelt der Wörter (z. B. durch Bedeutungskategorien) geprägt.

Dabei ist für Sie als Lerner wahrscheinlich die Henne-Ei-Frage, ob sich die Bedeutung eines Wortes aus seiner Kombinatorik oder umgekehrt die Kombinatorik eines Wortes aus der Bedeutung ergibt, unerheblich. Fest steht jedoch, dass sich die Bedeutung eines Wortes nur aus der Kenntnis seiner Kombinatorik vollständig erschließen lässt und man daher Wörter nur in Konstruktionen oder besser: **ausschließlich Konstruktionen lernt**. Daher besteht ein großer Teil des Vokabellernens darin, aus authentischen Quellen Informationen zu typischen Konstruktionen herauszufiltern.

Wie lerne ich Wortschatz selbständig?

Wenn man verinnerlicht hat, wie Wortschatz funktioniert, kann man ihn viel effektiver lernen. Dazu haben Sie sicherlich schon einige Methoden und Strategien für sich entdeckt. Vielleicht arbeiten Sie mit einem **Karteikartensystem**, oder Sie organisieren neuen Wortschatz zu **Wort-Netzen** und gruppieren **Wortfamilien** zu einprägsamen Illustrationen. Vielleicht erstellen Sie auch Listen und Tabellen, die **Kollokationen** wie in einem **Sprachbaukasten** in ihren Kombinationsmöglichkeiten darstellen. Wie Sie Ihr Wortschatztraining auch anlegen, ein lebendig wachsendes Vokabular wird größtenteils aus dem Umgang mit authentischen Hör- und Lesetexten entstehen. Dazu finden Sie im Folgenden verschiedene Strategien, die sich natürlich nach eigenem Interesse und entsprechend der eigenen Lernvorlieben kombinieren lassen.

Strategie 1: Authentische Hör- und Lesetexte

Das Memorieren von Wortschatz allein ist für den systematischen Wortschatzerwerb nicht ausreichend. Wichtig ist die aktive Auseinandersetzung mit dem Gelernten. Wenn Sie also Wortschatz zu einem bestimmten Thema erarbeiten möchten, sollten Sie sinnvolle Bezüge zwischen dem Auswendiglernen von Wortschatzeinheiten und dem kontextuellen Lernen aus Hör- oder Lesetexten herstellen. Wenn Sie sich z. B. gerade den Wortschatz zum Thema Wirtschaft befassen, bietet es sich an, gleichzeitig einschlägige Radio- oder Fernsehprogramme zu rezipieren (z. B. *Rue des Entrepreneurs* auf France Inter, ***http://sites.radiofrance.fr/franceinter/em/ruedesentrepreneurs/***) oder sich

Wirtschaftszeitungen wie *Les Echos* (***www.lesechos.fr***) im Internet anzuschauen. Auf einem fortgeschrittenen Niveau sind praktisch das gesamte Fernseh- und Radioprogramm sowie verschiedenste Lesetexte als sprachlernförderlich anzusehen. Schauen Sie sich die einschlägigen Webseiten an (z. B. ***http://www.arte.tv/fr/70.html, http://www.tf1.fr/***) und wählen Sie Sendungen aus, die Sie für relevant halten und die Ihre aktuelle Verstehensleistung nicht zu stark übersteigen:

- Besonders geeignet sind **Serien**, die eine feste Welt mit immer wiederkehrenden Personen zeigen (z. B. *Plus belle la vie, Sous le soleil*). Achten Sie dabei allerdings auf das Sprachniveau bzw. Register; nicht alles, was z. B. in manchen Krimis gesagt wird, eignet sich für die Nachahmung durch einen Nichtmuttersprachler, der sich vielleicht am ehesten an einem mittleren sozialen Niveau orientieren sollte.
- **Spielshows** sind für die Wortschatzarbeit besonders interessant, weil sie häufig den Wortschatz in bestimmten Feldern darbieten und einem festen Ritual folgen (z. B. *Questions pour un champion, Qui veut gagner des millions ?*).
- **Dokumentarische Sendungen** (z. B. *Envoyé spécial* oder *Thalassa, le magazine de la mer*) sind ebenfalls häufig themenspezifisch und besonders für die Förderung jener Wortschatzausschnitte (z. B. Verhalten von Tieren, Raumfahrt, kindliche Entwicklung usw.) geeignet, zu denen man als Fremdsprachenlerner normalerweise keinen Zugang hat, die aber der muttersprachliche Lerner in der Schule erwirbt. Dabei sind sie leicht verständlich, weil man das eigene schulische „Weltwissen" aus der Muttersprache zum Einsatz bringen kann.
- Gleiches gilt für **Nachrichtensendungen**, bei denen man mit internationalen Nachrichten beginnen sollte, deren Inhalt man vielleicht schon auf Deutsch kennt.

Beim Hör- (Radio) oder Hör-/Sehverstehen (Filme, Fernsehen) kann es besonders nutzbringend sein, den gleichen Text mehrere Male zu hören. Nachdem man ein Gesamtverständnis erlangt hat, kann man sich spezifische Konstruktionen (Kollokationen und Valenzstrukturen) notieren. Nutzen Sie dabei Ihren **Computer** oder **Fernseher** wie ein kleines Sprachlabor: Sie können das Abspielen des Textes (nach Aufzeichnung desselben) Ihrem individuellem Lerntempo anpassen. Sie können **Untertitel** einschalten oder **Transkripte** lesen (z. B. ***http://www.elysee.fr/accueil/*** unter ***Élyséethèque***). Sie können (und sollten) beim Betrachten von Serien Sätze laut nachsprechen, um Ihre Intonation und Aussprache zu verbessern.

Strategie 2: Dokumentation des Wortschatzes in schriftlicher Form

Nach dem Betrachten einer Serie können Sie den neuen Wortschatz in ein **Wortschatzheft**, ein **elektronisches Wörterbuch** oder einen **elektronischen Vokabeltrainer** eintragen, um ihn wiederholbar zu machen. Auch hier bietet sich eine Anordnung nach Themengebieten und Situationstypen an. Dazu lassen sich auch Wortnetze oder -bilder erstellen. Als Wortschatzheft eignet sich am besten ein **Ringbuch**, das jederzeit um zusätzliches Material an geeigneter Stelle ergänzt werden kann.

Strategie 3: Notiztechniken beim Lesen von Büchern

Beim Lesen bietet sich ein ähnliches Vorgehen an. Neue, nützliche Wortschatzeinheiten kann man z. B. mit einem senkrechten Bleistiftstrich am Seitenrand versehen oder mit einem Textmarker farblich markieren; neue Konstruktionen bereits bekannten Wortschatzes mit einem waagerechten Strich versehen oder in einer anderen Farbe markieren. Nach Beendigung der Lektüre kann man die angestrichenen Einheiten in den oben genannten Hilfsmitteln notieren. Wer elektronische Lesegeräte dem traditionellen Buch vorzieht, findet dort natürlich noch effizientere Möglichkeiten der Speicherung neuen Wortschatzes.

Strategie 4: Notiztechniken beim Lesen von Online-Dokumenten

Ähnliches gilt für die Nutzung von **elektronischen Wörterbüchern** beim Lesen von Online-Dokumenten. Lässt man den Cursor über ein Wort gleiten, so erscheint ein Pop-Up-Fenster mit dem entsprechenden Wörterbuchartikel, der sich wiederum bequem durch Ausschneiden und Einfügen (*copy and paste*) in das eigene Wörterbuch oder Wortschatzlernheft kopieren lässt.

Strategie 5: Auswahl des Lesematerials

Bei der Auswahl des Lesematerials sollte man auf die Vielfalt, aber auch die Authentizität und Natürlichkeit achten. Neben einer thematischen Auswahl empfiehlt sich auch die Lektüre moderner Populärliteratur. Auch hier gilt es wie beim Betrachten von Soap Operas und Filmen auf das Sprachniveau zu achten.

Strategie 6: Wortschatz wiederholen

Die Wiederholung des neuen Wortschatzes sollte regelmäßig in immer größer werdenden Abständen stattfinden; in Vokabeltrainern sind angemessene Lernabstände bereits vorprogrammiert. Es ist besonders wichtig, den Wortschatz frühzeitig (spätestens einen Tag nach dem ersten Lernen) noch einmal zu wiederholen. Genauere wissenschaftliche Erkenntnisse zu der Frage, ob in authentischen Texten gehörte oder gelesene und dann notierte und wiederholte Wortschatzeinheiten bei der Sprachproduktion auch tatsächlich zur Verfügung stehen, liegen noch nicht vor. Wir wissen jedoch, dass Wortschatz am besten gelernt wird, wenn er z. B. in Schreibaufgaben aktiv eingesetzt wird. Daher sollten die neu gelernten Einheiten natürlich auch so häufig wie möglich in authentischen Produktionsaufgaben verwendet werden. Im thematischen Wortschatztraining finden Sie zahlreiche Beispiele dafür.

Ein Beispiel für die Arbeit mit Wortschatz aus authentischen Texten:

Anhand eines Beispiels aus einem Politiker-Interview soll nun demonstriert werden, wie man Wortschatz aus authentischen Texten entnehmen kann, wie dieser im Wortschatzheft oder in einer elektronischen Lernhilfe für fortgeschrittene Lerner festgehalten werden sollte und wie der neu gelernte Wortschatz in einer authentischen Aufgabe produktiv verwendet werden kann. Ausgewählte Einzelwörter und Konstruktionen, die über den TGAW-Wortschatz hinausgehen, sind hervorgehoben (Einzelwörter durch doppelte Unterstreichung; Konstruktionen durch einfache).

QUESTION – En lisant vos propositions, vous dites que cela va être concret et précis, mais il y a quelques domaines qui me semblent un peu dans le flou. Vous dites : « on veut utiliser nos forces armées de manière concrète », mais je crois que les Américains ont refusé que nos troupes soient déployées dans le Proche-Orient, donc est-ce que l'on n'est pas un petit peu dans les mots ? L'impôt sur les grandes fortunes n'est pas explicité et donc je suppose qu'il n'y a pas d'accord là-dessus. Donc, je voudrais savoir si tous ces dossiers sont maintenus dans un flou qui veut dire qu'il n'y a pas d'avancée concrète ?

REPONSE : Je vois dans votre question tout le caractère idéaliste du journaliste chevronné qui suit l'actualité depuis longtemps, mais y-a-t-il un pays au monde qui soit capable d'annoncer autant de projets inédits que ce que nous annonçons aujourd'hui ? Allons dans le détail des choses.

Sur nos forces armées, quand on propose de leur donner un caractère opérationnel plus affirmé, ce n'est pas anormal que nos amis américains soient réticents. Comprendre l'autre, c'est la base de l'axe franco-américain. Moi, je trouve cela plutôt formidable que nos amis américains se préoccupent de la situation au Proche-Orient et qu'ils disent : « on est d'accord pour y réfléchir et pour y travailler ». Qu'est-ce-que vous voulez qu'on demande de plus ? Les pays du Proche-Orient ne sont pas des pages blanches, il y a une histoire derrière, il y a des difficultés pour eux.

Deuxièmement, l'impôt sur les grandes fortunes. Moi, je m'intéresse beaucoup à cette question. Le mot impôt n'est pas un mot neutre. Moi il m'arrive bien souvent de dire à ma femme: « écoute, tu sais en France, tel ou tel point, c'est difficile » …

(http://www.elysee.fr/documents/index.php?mode=list&cat_id=3&lang=fr)

Als Lerner könnten Sie nun z. B. folgendermaßen vorgehen:

Ergänzen Sie z. B. fehlende Konstruktionen von bereits im TGAW vorhandenen Wörtern selbst (z. B. mit Bleistift). Notieren Sie also:

le flou
dans le flou / dans un flou (+ Ergänzung) : *il y a quelques domaines qui me semblent un peu dans le flou, ces dossiers sont maintenus dans un flou qui veut dire que...*

travailler
travailler à qc : *on est d'accord pour y réfléchir et pour y travailler*

le détail
aller dans le détail (des choses) : *allons dans le détail des choses*

un caractère
donner un caractère plus affirmé à qc : *donner un caractère opérationnel plus affirmé à la brigade franco-allemande*

tel ou tel
tel ou tel + Substantiv : *tu sais, en France, tel ou tel point, c'est difficile*

Evtl. können Sie Übersetzungen hinzufügen, z. B.:

> **Qu'est-ce que vous voulez qu'on demande de plus ?**
> Was wollen Sie mehr? / Was kann man sich noch wünschen?
> **déployer une brigade (quelque part)**
> eine Brigade (irgendwo) stationieren / zum Einsatz bringen

Um in sinnvollen Zusammenhängen zu lernen, könnten Sie auch ein thematisch geordnetes Wortschatzheft anlegen. Die unterstrichenen Wortschatzeinheiten könnten z. B. folgendermaßen notiert werden:

Das Substantiv *une avancée* würde zum Beispiel gut in das Kapitel 22.6 (Zustand und Veränderung) passen:

Französisch	Übersetzung	Konstruktionen	Beispiele
avancée (avancer)	Fortschritt, Fortschreiten	*une **avancée** vers (la démocratie / la paix)* *une **avancée** pour (notre pays)* *l'**avancée** de (la technologie / de l'humanité)* *une **avancée** sociale / scientifique / technologique* *une **avancée** spectaculaire / significative / incontestable / concrète*	*il n'y a pas d'avancée concrète* *le régime refuse toute avancée vers la démocratie*

Das Nominaladjektiv *flou* könnte folgendermaßen in das Kapitel 22.3 (Eigenschaften) eingefügt werden.

Französisch	Übersetzung	Konstruktionen	Beispiele
le flou / un flou	Vagheit, Verschwommenheit, Verworrenheit	*un flou artistique* (wörtlich = Weichzeichner) / *juridique* (rechtliches Vakuum) *un certain flou plane autour de / entoure qc* *entretenir le flou (autour de / sur)* *rester / demeurer dans le flou (sur)*	*c'est un peu le flou artistique en ce moment* (die Dinge sind im Moment noch in der Schwebe) *le flou entretenu à dessein sur son programme* (die beabsichtigte Vagheit seines Programms) *il est resté dans le flou sur ce sujet* *dans cette histoire, il était dans le flou complet* (in dieser Sache tappte er völlig im Dunkeln)

Weitere Beispiele natürlichen Sprachgebrauchs kann man durch Eingabe einer bestimmten Konstruktion in eine Suchmaschine finden. Dabei muss die Konstruktion in Anführungszeichen gesetzt werden, z. B. „dans un flou".

Strategie 7: *„Plutôt deux fois qu'une !"*
Es hat sich als besonders nützlich erwiesen, die gleiche Aktivität mehrfach durchzuführen. So sollten Sie, wenn Sie eine Vokabelsammlung zu einem Thema angelegt haben, diese gleich in einem sinnvollen Text einsetzen, z. B. eine Landschaftsbeschreibung geben oder verschiedene Handlungen nacheinander aufzählen.

Strategie 8: CD-Diktat
Sie können sich die Begleit-CD zum TGAW Französisch anhören und die gehörten Wörter aufschreiben. Nach dem Hören überprüfen Sie mit Hilfe des TGAW die Rechtschreibung.

Strategie 9: Wortschatzlernen und Schreiben verbinden
Bevor Sie einen schriftlichen Text anfertigen, sollten Sie themenspezifischen Wortschatz aus Ihrem Wortschatzheft auswählen. Unter Umständen ist es

sinnvoll, zusätzlich mit Hilfe eines einsprachigen Wörterbuchs weitere zentrale Kollokationen zu sammeln. Dazu suchen Sie zunächst zu den zentralen Nomina des Themengebietes passende Adjektive und Verben; in einem zweiten Schritt sollten Sie dann Adverbien suchen, die zu den Verben passen.

Strategie 10: Den Alltag für das Fremdsprachenlernen nutzen
Achten Sie im Alltag auf Dinge, die Sie noch nicht auf Französisch ausdrücken können. Beispielsweise könnten Sie einen Einkaufszettel auf Französisch erstellen, die Speisekarte im Restaurant übersetzen oder sich bei einer Busfahrt fragen, was *Straßenschild, der Verkehr stockt* oder *links abbiegen* auf Französisch heißt.

Strategie 11: Sich Wortbildungsregeln verdeutlichen und Wortfamilien bilden
Ein großer Teil des Wortschatzes, dem Sie in Hör- und Lesetexten begegnen, besteht aus Wörtern, die mit Ihnen bereits bekannten Wörtern verwandt sind. Im Französischen gibt es nämlich eine Reihe von Vor- und Nachsilben, die zur Bildung neuer Wörter verwendet werden. So dient z. B. die Nachsilbe *-isme* der Bildung von Substantiven (z. B. *un cannibale* ▸ *le cannibalisme*) oder die Vorsilbe *re-* der Bildung von Verben (z. B. *reprendre*). Wenn Sie ein Wort einer Wortfamilie kennen gelernt haben, sollten Sie aktiv andere Mitglieder suchen (oben wurde bereits das Beispiel *paraître* genannt, zu dem u.a. *la parution* gehört). Wortschatz lässt sich auch im Wortschatzheft zum Teil nach Wortfamilien ordnen.

Strategie 12: Andere Sprachen nutzen
Das heutige Französisch enthält zahlreiche Wörter, die mit Wörtern in anderen Sprachen verwandt sind. Wenn Sie auch Deutsch, Englisch, Lateinisch oder Griechisch können, erleichtert sich die Lernaufgabe um ein Vielfaches. Wer z. B. *un omnivore* (*Allesfresser*) verstehen will, kann auf seine Lateinkenntnisse zurückgreifen: *omnis* (*alles*) und *vorare* (*essen, fressen*).

Strategie 13: Überlegen Sie sich alternative Formulierungen
Um sich weitere Zugriffsmöglichkeiten auf bereits gespeicherte Formulierungen zu schaffen, sollte man sich insbesondere als fortgeschrittener Lerner möglichst viele Alternativformulierungen für das jeweils Gemeinte überlegen. Wer also *s'enrichir* kennt, könnte als Alternativformulierung *faire fortune* oder die umgangssprachliche Wendung *se faire un tas de fric* lernen. Im Wortschatzheft kann man sich so auch seinen privaten Thesaurus anlegen.

I
Der Mensch

1.1 Füllen Sie bitte das folgende Formular aus. Beachten Sie dabei die Anweisungen.

- *À compléter en caractères d'imprimerie.*
- *Cocher la case qui convient.*

Nom Rahner

Prénom Svea

Nom de jeune fille –

Adresse Erbsenacker 4

Téléphone (domicile) 06127-7064727
zu Hause (Wohnort)

Téléphone (travail)
Arbeit

Télécopieur
((Tele) Fax)

Courriel sveerahner@gmx.de
(e-mail)

Profession – (Schüler) → élève
(Beruf)

Nationalité allemande

Âge 15

Date de naissance 22.08.1997
(Geburtsdatum)

Lieu de naissance Wiesbaden

État civil
ledige ☐ célibataire
verheiratet (marié) ☐ marié
getrennte ☐ séparé
geschiedene ☐ divorcé
verwitwete ☐ veuf

Signature Svea Rahner

1.2 Übersetzen Sie die folgenden Sätze ins Französische.

1. Damals wurden die Mädchen zwischen 10 und 15 Jahren vermählt (= verheiratet).
2. In Frankreich trennen sich viele Eltern oder lassen sich scheiden.
3. Er ist zweisprachig aufgewachsen.
4. In den Niederlanden gibt es 400.000 Haschischkonsumenten.
5. Indien gilt inzwischen als Schwellenland (un pays émergent), obwohl Armut dort immer noch sehr verbreitet ist.
6. Als Bürger der Europäischen Union benötigt man an der Grenze keinen Reisepass.
7. Sie ist Schweizerin italienischer Herkunft.
8. Seit er Witwer ist, benutzt er nicht mehr das Ehebett.
9. Kannst Du mir Deine Adresse und Telefonnummer geben?
10. Von Diskriminierung spricht man, wenn ein Unterschied zwischen Personen aufgrund ihres Familienstandes, ihrer Staatsangehörigkeit oder ihres Geschlechts gemacht wird.

1.3 Setzen Sie das passende Wort ein. Probieren Sie zunächst, die Lücken ohne Hilfe der Wortvorgaben zu füllen.

au / avec le • *célibataire* • *de* • *de* • *domicile* • *interdit* • *maternel, maternelle* • *scène*

1. Les films porno sont ____________________ aux mineurs.
2. Il était tellement furieux qu'il m'a fait une ____________________ de ménage.
3. Il a divorcé ____________________ sa 2e femme.
4. Les clochards sont sans ____________________ fixe.
5. Ils ont marié leur fille ____________________ fils d'un armateur.
6. Pierre est âgé ____________________ 30 ans.
7. Il est difficile pour une mère ____________________ de trouver un emploi tout en devant s'occuper de ses enfants.
8. Gerhard est de langue ____________________ allemande.

1.4 Beantworten Sie folgende Fragen.

a) Quels sont les pays limitrophes de la Pologne ?

____________, ____________, ____________,

____________, ____________, ____________,

____

b) Quels pays devez-vous traverser pour aller de Budapest à Madrid, en prenant le chemin le plus court ?

____________, ____________, ____________,

____________, ____________

c) Quels pays devez-vous traverser pour aller d'Athènes à Copenhague en prenant le chemin le plus court ?

____________, ____________, ____________,

____________, ____________, ____________,

____

d) Comment s'appellent les habitants des pays limitrophes de l'Allemagne ?

____________, ____________, ____________,

____________, ____________, ____________,

____________, ____________, ____________

1.5 Beschriften Sie die Europakarte.

2.1 Erstellen Sie ein Wortfeld zum Thema „les cinq sens" mit folgenden Wörtern und fügen Sie nach Belieben weitere Wörter hinzu, die Ihnen einfallen:

regard • *odeur* • *cligner* • *aromatique* • *myope* • *surdité* • *salé* • *sentir* • *calme* • *voir* • *embrasser* • *bruyant*

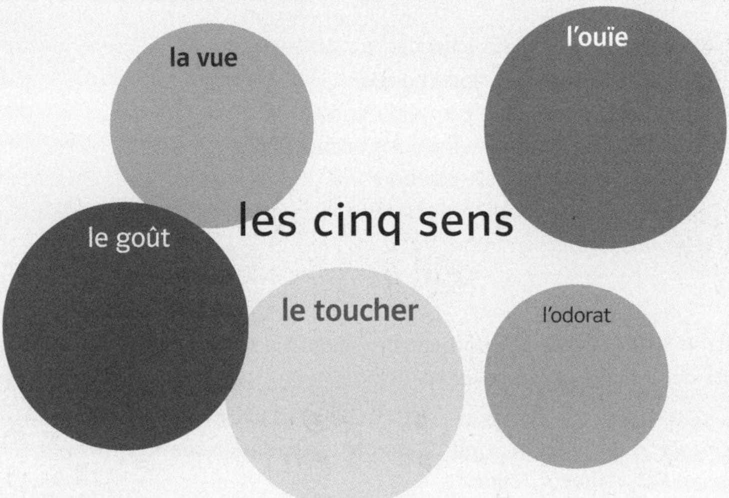

2.2 Beschreiben Sie die Personen auf den Abbildungen.

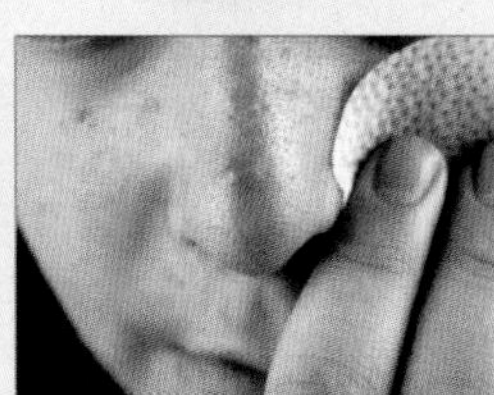

2.3 Übersetzen Sie die folgenden Sätze ins Französische.

1. Ich habe gesehen, wie sich jemand hinter den Büschen bewegt hat.
2. Er hat sich aus dem sechsten Stock gestürzt, aber überlebt.
3. Er ist seinem Kamaraden zu Hilfe geeilt.
4. Baby und Dietrich haben zehn Jahre einer stürmischen Beziehung hinter sich (= miteinander verbracht).
5. Sie rasiert sich die Haare unter den Armen.
6. Sie mag es, am Nacken gestreichelt zu werden.
7. Anna hat ein gesundes Mädchen zur Welt gebracht.
8. Es gibt Untertitel für Schwerhörige.
9. Wir haben uns vor dem Fernseher entspannt.
10. Er hat sich gebückt, um eine Scherbe aufzuheben.
11. Sie ist an Lungenkrebs gestorben.
12. Junge Leute aus benachteiligten Bevölkerungsschichten (*les milieux défavorisés*) werden früher intim.

2.4 Setzen Sie das passende Wort ein. Probieren Sie zunächst, die Lücken ohne Hilfe der Wortvorgaben zu füllen.

certain • ***du*** • ***nager*** • ***par*** • ***porter*** • ***prendre*** • ***sur*** • ***sortir*** • ***surveiller*** • ***tirer*** • ***tomber***

1. Il est ____________________ follement amoureux d'une jeune Irlandaise.
2. Il est impoli de montrer quelqu'un ____________________ doigt ou de lui ____________________ la langue.
3. Le virus de la grippe A (= la grippe porcine) se transmet ____________ l'air.
4. C'est un homme d'une soixantaine d'années, un homme d'un ____________________ âge.
5. Il faut juger les hommes ____________________ leur être, et non pas ____________________ leurs actes ou ____________________ leurs paroles.
6. Il a ____________________ la poubelle dans la rue.

7. Cet homme __________________ la barbe.

8. Ces jours-ci, beaucoup de jeunes femmes __________________ leur ligne.

9. Je vais ______________ ma douche.

10. Tu sais ______________ le crawl ?

2.5 Geben Sie spontan eine einfache Beschreibung der Funktion der folgenden Körperteile:

le cœur • *le foie* • *les reins* • *les poumons* • *les intestins* • *les artères*

2.6 Unterstreichen Sie alle Wörter, die mit Aussehen und Körper bzw. Psyche und Verhalten zu tun haben:

http://www.wannonce.com

Bonjour, j'habite à Brest, j'ai 35 ans, plutôt jolie, souriante, calme, câline, moderne, situation stable, appartement sympa ; j'ai de nombreux loisirs : voile, rando, théâtre, concerts, expos, soirées entre amis; je recherche un jeune homme dynamique, moderne, optimiste et souriant, afin de partager sorties de qualité, culturelles et variées, loisirs divers, voyages, etc et +. Si affinités contacte-moi sur: miss35@yahoo.com pour plus d'informations.

2.7 Schreiben Sie jetzt ein Selbstportrait sowie ein Portrait ihres idealen Partners (vgl. dazu auch Kapitel 4: Psyche, Geist und Verhalten).

2.8 Beschreiben Sie beide Bilder. Wer ist es? Was ist passiert?

3 Gesundheit und Medizin

3.1 Übersetzen Sie die folgenden Sätze ins Französische.

1. Stress mindert (*amoindrir*) die Infektionsresistenz.
2. Sie hat immer noch ein bisschen Fieber.
3. Aids bekommt man nicht durch Küssen, außer wenn (*à moins que*) man Zahnfleischbluten hat.
4. Er hat sich an der Prostata (*la prostate*) operieren lassen.
5. Wir impfen jetzt alle Kinder gegen Masern.
6. Sie hatte sich die Schulter nicht ausgerenkt; es war nur eine Zerrung.
7. Ich bekomme (= man gibt mir) Spritzen gegen meinen Heuschnupfen.
8. Dieses ganze Fett ist nicht gesund.
9. Starke Raucher sterben an Krebs.
10. Alkoholiker müssen Entziehungskuren machen.
11. Sie blutete am Bein.
12. Rückenschmerzen kosten das Land viele Arbeitstage.
13. Ich habe starke Rückenschmerzen.
14. Welche Verhütungsmethode praktizieren Sie?

3.2 Setzen Sie das passende Wort ein. Probieren Sie zunächst, die Lücken ohne Hilfe der Wortvorgaben zu füllen.

au* • *aux* • *de* • *faire* • *prendre* • *pour* • *rouler* • *sous* • *trempé, trempée* • *violent, violente

1. En portant des chaussures trop étroites, je me suis ____________________ des ampoules.
2. Le docteur a ________________ ma tension.
3. Après le match il était ________________ de sueur.
4. Je tombe ________________ sommeil.
5. Beaucoup d'enfants sont allergiques ________________ acariens (*Milben*).
6. Un poison ________________ agit rapidement.

7. Ma mère est ________________ régime sans sel.

8. Le malade doit rester ________________ perfusion.

9. J'ai pris des gouttes ________________ le nez.

10. J'ai vu son fils de dix ans en train de se ________________ une cigarette !

3.3 Verfassen Sie einen kurzen Text, der Jugendliche vor den Gefahren von Aids warnen soll. Erstellen Sie zunächst eine Liste der Wortschatzeinheiten aus dem TGAW, die Ihnen dabei nützlich sein könnten. Versuchen Sie außerdem folgendes Vokabular einzubringen:

un malade du SIDA
du sang contaminé
attraper le virus
une victime du SIDA
contracter le SIDA
constituer une menace (grandissante)
subir un contrôle positif
une maladie mortelle
avoir le SIDA
se transmettre par voie sexuelle
coucher avec n'importe qui
réduire le nombre de ses partenaires
faire l'amour sans danger (adopter des pratiques sexuelles sans danger)

3.4 Les mots définis par les enfants

1. On a envie de dormir parce qu'on fait beaucoup de travail ou de sport.
   nom : ________________ *adjectif :* ________________

2. Si on tombe, quelque chose de rouge sort; c'est du… *nom :* ________________

3. Quand il fait très chaud, il y a de l'eau qui coule de la tête, qui sort de la peau et qui mouille les cheveux.
   nom : ________________

4. C'est une maladie : on a des boutons sur la figure et quand ça guérit, il y a des petites croûtes.

   nom : ______________________________

5. C'est la partie de notre corps au bout des jambes. Il y a des orteils dessus.

   nom : ______________________________

6. C'est un endroit où on soigne les gens malades. *nom :* ______________

7. Quand on est malade, on nous fait une… On nous la fait dans le bras ou dans les fesses.

   nom : ______________________________

8. C'est un rond comme un ballon. Pour faire des… on prend de l'eau et du savon, on souffle dans un tube avec un trou et les… toutes rondes s'envolent.

   nom : ______________________________

9. La respiration est bloquée. C'est quand on mange quelque chose de trop gros qu'on ne peut pas avaler ou quand on reste longtemps sous les couvertures avec quelqu'un au-dessus de nous.

   verbe : ______________________________

10. C'est rond, c'est chaud et ça brûle. C'est aussi quand des chaussures font mal.

    nom : ______________________________

11. C'est une personne malade qui ne peut pas marcher. Il a une jambe de bois, des doigts tordus, se déplace en fauteuil roulant ou avec des cannes.

    nom : ______________________________

Psyche, Geist und Verhalten 4

4.1 Übersetzen Sie die folgenden Sätze ins Französische.

1. Ich habe nicht die geringste Sympathie für diese Diktatur.
2. Er mag es nicht, dass man Pläne für seine Zukunft schmiedet.
3. Die SPD hat eine Entschuldigung von Angela Merkel verlangt.
4. Illusionen sind langlebig.
5. Die Lösung des Rätsels ist nicht die, die einem spontan einfällt.
6. Ich sehne mich nach der Zeit zurück, als man noch Briefe schrieb.
7. Wanzen (*la punaise*), Ratten und Spinnen (*l'araignée, f*) sind harmlose (*inoffensif*) Tiere, die dennoch häufig Ekel auslösen.
8. Dieser Staat hat sich verpflichtet, die Menschenrechte zu respektieren.
9. Man kann sich kein linkes Lager vorstellen, das nicht kulturelle Rechte verteidigen würde.
10. Aber hinter dem Einfallsreichtum verbirgt sich die Angst vor dem Tod.

4.2 Setzen Sie das passende Wort ein. Probieren Sie zunächst, die Lücken ohne Hilfe der Wortvorgaben zu füllen.

attentif, attentive • court, courte • de • donner • en • en • en • faire • juger • main • sincère

1. Il a le sens ________________ l'observation.
2. Il regarde ________________ cachette des films pour adultes.
3. Il s'est ________________ la peine de préciser qu'il s'agissait d'une blague.
4. Marc a voulu ________________ le brave, mais on ne l'a pas pris au sérieux.
5. Il ne s'est pas comporté ______________________ historien mais, au mieux ____________________ journaliste.
6. Il a prêté une oreille __________________ au discours du premier ministre.

7. Il a adressé ses vœux les plus ________________ à la reine d'Angleterre.

8. Elle est très honnête et elle a le cœur sur la ______________________.

9. Sarkozy doit être _________________ sur ses actes.

10. L'actualité a la mémoire _______________ et a déjà oublié cette histoire.

4.3 Ergänzen Sie das jeweilige Antonym bzw. Synonym.

1. volontaire ≠ ________________________________
2. qn me manque = je ________________________________
3. inquiet, inquiète ≠ ________________________________
4. l'amour ≠ ________________________________
5. oublier ≠ ________________________________
6. accepter ≠ ________________________________
7. une qualité ≠ ________________________________
8. la bonté ≠ ________________________________

4.4 Welche Verben passen zu welchem Substantiv?

la nostalgie	risquer, propager, confirmer, se forger
la peur	connaître, cacher, mourir de, exprimer
l'opinion	causer, provoquer, subir, exploiter
la souffrance	éprouver, être pris de, tomber dans, garder
la honte	régner, habiter, faire, exorciser, alimenter

4.5 **Stellen Sie sich vor, sie hätten die folgenden Persönlichkeiten persönlich gekannt. Beschreiben Sie, in welchem Verhältnis Sie zu Ihnen gestanden hätten.**

Napoléon Bonaparte

Sophie Marceau

Danny Boon

4.6 **Schreiben Sie Tagebucheinträge für die letzten drei Tage, in denen Sie detailliert beschreiben, wie Sie sich gefühlt haben.**

II
Der Alltag

Essen und Trinken, Kochen, Backen, Gerichte 5.1

5.1.1 Übersetzen Sie folgende Sätze ins Französische.

1. Laure hat tüchtig zugelangt (= mit gutem Appetit gegessen).
2. Dort kann man nicht vor Hunger sterben.
3. Man sollte morgens nüchtern zur Blutabnahme kommen.
4. Er gibt uns die Möglichkeit, einheimische Käsesorten in Ruhe zu kosten.
5. Was kann ich Ihnen heute anbieten?
6. Ich bevorzuge fettarmen Käse.
7. Das ideale Brot ist also ein Vollkornbrot.
8. Marc hat sein Glas in einem Zug ausgetrunken.
9. Ich habe Küchenkräuter in Töpfen gezogen.
10. Ich bin mir sicher, dass es sich um ein Fertiggericht handelt.
11. Sie verrühren alles und lassen es dann bei schwacher Hitze kochen.

5.1.2 Ergänzen Sie wenn nötig die passende Präposition (und einen Artikel). 17–18

1. boire ______ la bouteille
2. boire ______ un verre
3. avaler ______ travers
4. se mettre ______ table
5. goûter ______ un fromage
6. avoir un goût ______ poivron
7. un camembert ______ lait cru
8. être ______ régime/se mettre ______ régime
9. une tranche ______ pain
10. le sucre ______ morceaux
11. un thé ______ citron
12. des œufs ______ coque / des œufs ______ plat
13. une soupe ______ oignon
14. la purée ______ pommes de terre
15. une salade ______ fruits
16. une glace ______ vanille
17. un livre ______ cuisine
18. mettre ______ four
19. une plaque ______ cuisson
20. une plaque ______ induction
21. cuire ______ four
22. ajouter quelque chose ______ quelque chose
23. battre les œufs ______ neige
24. une boîte ______ conserve
25. une corbeille ______ pain

5.1.3 Ergänzen Sie die fehlenden Buchstaben. 17–18

a) Verben

1. grig _ _ _ _ _
2. déj _ _ _ _ r
3. av _ _ _ _
4. _ _ _ ourer
5. bou _ _ _ _
6. d _ _ orer
7. mâ _ _ _ _
8. b _ _ re
9. ser _ _ _
10. g _ ût _ _
11. assa _ _ _ _ _ _ _
12. rô _ _ _
13. gri _ _ _ _
14. réch _ _ _ _ _ _
15. épl _ _ _ _ _
16. fou _ _ _ _ _

b) Adjektive

1. am _ _ , am _ _ _
2. su _ _ é, su _ _ ée
3. a _ _ de
4. c _ u, c _ ue
5. c _ _ t, c _ _ te
6. mo _ , m _ _ , m _ _ _ _
7. ten _ _ _
8. _ ur, _ ure
9. ép _ _ _ , ép _ _ _ _ _
10. g _ _ s, g _ _ s _ _
11. s _ _ , s _ _ _ e
12. fr _ _ _ , fr _ _ _ _ _
13. appé _ _ _ _ _ _ _ ,
    appé _ _ _ _ _ _ _ _
14. rafr _ _ _ _ _ _ _ _ _ _ ,
    rafr _ _ _ _ _ _ _ _ _ _ _
15. p _ _ , p _ _ _
16. indi _ _ _ _ _
17. épi _ _ , épi _ _
18. brû _ _ _ _ , brû _ _ _ _ _
19. fro _ _ , fro _ _ _
20. ti _ _ e
21. ma _ g _ _
22. l _ _ _ d, l _ _ _ d _
23. lé _ _ _ , lé _ _ _ _
24. al _ _ _ é, al _ _ _ é _

.1.4 Erstellen Sie ein Wortfeld zum Thema „le repas".

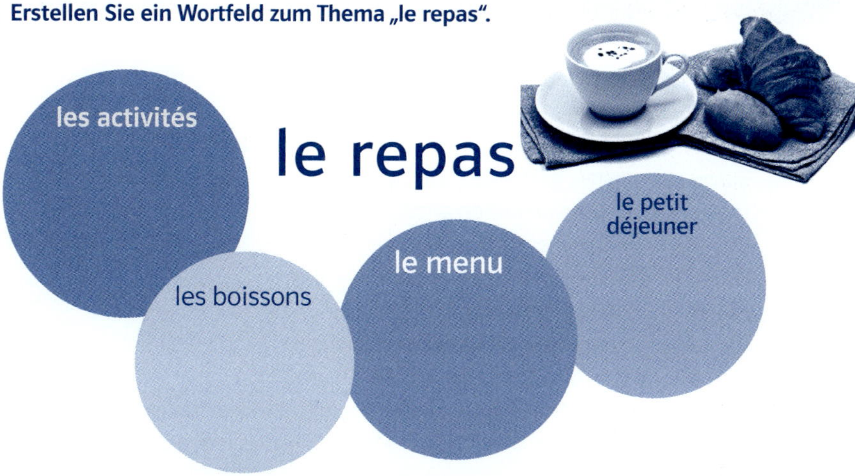

.1.5 Welche Bezeichnung passt zu welchem Bild?

1 une cuillère à café
2 une cuillère à soupe
3 un couteau
4 une fourchette
5 un plateau
6 une poêle
7 une marmite
8 un bol
9 une cocotte-minute®
10 une casserole

.1.6 Welche Tipps kann man heutzutage für eine gesunde Ernährung geben? Schauen Sie sich verschiedene Websites zum Thema Ernährung an (z. B. *http://www.lanutrition.fr/*) und fassen Sie das Wesentliche zusammen.

5.2 Kleidungsstücke, Einkaufen

5.2.1 Übersetzen Sie folgende Sätze ins Französische.

1. Er ist in voller Montur (= vollständig bekleidet) in den Fluss gesprungen.
2. Sie ist nach Hause gegangen, um zu duschen und sich umzuziehen.
3. Ich mag es, Knöpfe an Kissen anzunähen.
4. Das ist ein ganz neuer Rock aus reiner Wolle.
5. Heute Morgen hatte sie ihren Ehering gar nicht angelegt.
6. Michel war Edelsteinhändler.
7. Die Experten haben es als Ramsch bezeichnet.
8. Das wird bald in den Schaufenstern zu sehen sein.
9. Das sind alles Produkte, die Sie im Lebensmittelladen an der Ecke finden.
10. Als ich jung war, habe ich oft mit meiner Schwester einen Schaufensterbummel gemacht.
11. Er steht im Ruf, ein guter Kunde sein.
12. Das ist ein ideales Produkt für den Versandhandel.
13. Wieso hast du dich angestellt (= Schlange gestanden)?

5.2.2 Ergänzen Sie das jeweilige Antonym bzw. Synonym.

1. les vêtements = *fam* ____________ ____________
2. s'habiller ≠ ____________
3. mettre une chemise ≠ ____________
4. la taille au-dessus ≠ ____________ ____________
5. à l'endroit ≠ ____________
6. sec, sèche ≠ ____________
7. une table à repasser = ____________
8. à la mode = ____________
9. nouveau, nouvel, nouvelle ≠ ____________
10. propre ≠ ____________
11. court, courte ≠ ____________
12. étroit, étroite ≠ ____________
13. étroit, étroite = ____________
14. augmenter ≠ ____________
15. raccourcir ≠ ____________
16. un tissu épais ≠ ____________
17. un tissu = ____________
18. rayé, rayée = ____________
19. argenté, argentée = ____________
20. doré, dorée = ____________
21. payer cash = ____________

.2.3 Ergänzen Sie wenn nötig die passende Präposition (und einen Artikel). 19; 21

1. changer ____________ pantalon
2. aller ______________ quelqu'un
3. aller __________ quelque chose
4. une robe _______________ soir
5. une machine _________ coudre
6. un col ___________________ V
7. une chemise ________________ manches courtes
8. chausser _________________ 42
9. des chaussures ______________ talons plats
10. une corde ______________ linge
11. un tissu _____________________ mauvaise qualité
12. s'habiller _________________ goût
13. un fer ________________ repasser
14. être _____________________ taille
15. une veste _________________ cuir
16. des lunettes _____________ soleil
17. acheter un pull ________________ solde
18. aller _________________ boutique
19. aller _________________ boucher
20. avoir un article ________________ magasin
21. commander quelque chose ____________________ catalogue
22. être hors _________________ prix

.2.4 Erstellen Sie Top-10-Listen:

Ce que j'achète régulièrement

1. ____________________
2. ____________________
3. ____________________
4. ____________________
5. ____________________
6. ____________________
7. ____________________
8. ____________________
9. ____________________
10. ____________________

Ce que je n'achète jamais

1. ____________________
2. ____________________
3. ____________________
4. ____________________
5. ____________________
6. ____________________
7. ____________________
8. ____________________
9. ____________________
10. ____________________

5.2.5 Erstellen Sie ein Wortfeld zum Thema „les vêtements".

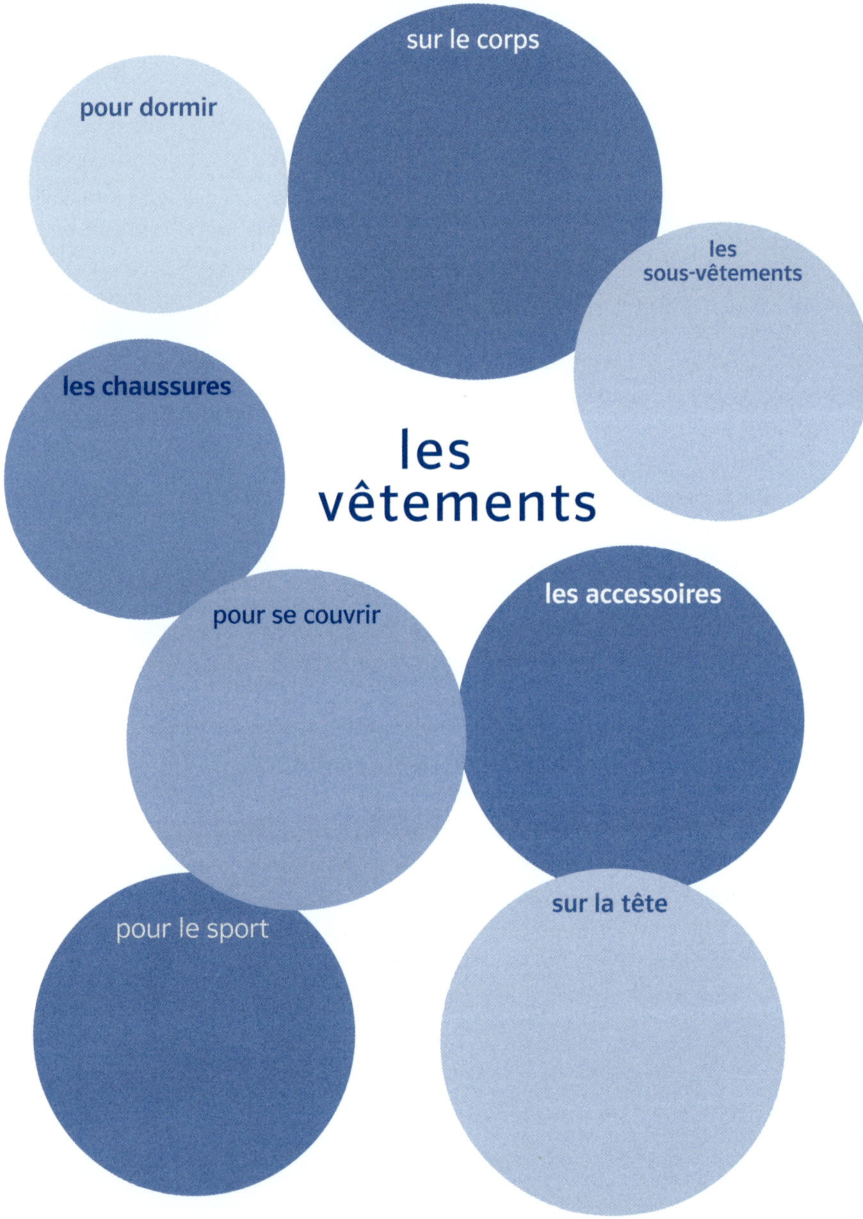

6.1 Übersetzen Sie folgende Sätze ins Französische.

1. 2003 hat er sich ein Haus in Avignon bauen lassen.
2. Das Unternehmen hat das Haus in einen Supermarkt umbauen lassen.
3. Dieses von Sozialwohnungen geprägte Viertel stört mich überhaupt nicht.
4. Die sportlichen Kinder haben wenig Platz zum Trainieren.
5. Er teilte sich die Zweizimmerwohnung mit seinem Großvater.
6. Wir leben zu fünft in einer Dreizimmerwohnung.
7. Dany bezahlt 1.240 Euro monatlich ohne Nebenkosten.
8. Yann ist gerade nach Nordfrankreich gezogen.
9. Christian hat sich vor kurzem in Metz niedergelassen.
10. Das Spülbecken muss regelmäßig gereinigt werden.
11. Ich glaube, es hat geklingelt.
12. Der Untermieter bezahlt weniger als der Hauptmieter.
13. Isabelle hat die Süßigkeiten in einer verschlossenen Schublade versteckt.
14. Im Erdgeschoss befinden sich Küche, Bad und Wohnzimmer.
15. Léo hat dort ein Büro im dritten Stockwerk.
16. Ich habe im 5. Stockwerk den Aufzug gerufen, um ins Erdgeschoss zu fahren.
17. Hugues ist die Treppe erst hinuntergegangen und dann wieder hinauf.
18. Das Gebäude ist mit einem elektronischen Türschloss versehen.
19. Das Appartement ist mit Toilette und Kochnische ausgestattet.
20. Die Diebe haben sein Auto aus der Garage gefahren.
21. Es gibt viele neue Fensterputzmittel.
22. Mein Sohn würde sein Zimmer gerne neu tapezieren.
23. Ich stelle den Salat immer in den Kühlschrank.
24. Seine Festplatte ist durch einen Stromausfall beschädigt worden.
25. Albert kennt nicht einmal seinen Flurnachbarn.

6.2 Ergänzen Sie das jeweilige Antonym bzw. Synonym.

1. un appartement de luxe = ______
2. un building = ______
3. une maison individuelle = ______
4. loger = ______
5. un gardien, une gardienne = ______
6. mettre en location = ______
7. une salle de séjour = ______
8. les cabinets = ______
9. un réfrigérateur = *fam* ______
10. la saleté ≠ ______
11. l'ordre ≠ ______
12. un lave-linge = ______

6.3 Ergänzen Sie wenn nötig die passende Präposition (und einen Artikel). 22–24

1. un canapé ______ cuir
2. une armoire ______ glace
3. un vase ______ cristal
4. regarder ______ fenêtre
5. une construction ______ béton
6. un terrain ______ bâtir
7. un toit ______ tuiles
8. un appartement ______ luxe
9. une chambre ______ louer
10. laver une chemise ______ main
11. être ______ garantie

6.4 Ergänzen Sie das passende Verb.

1. ____________________ les vitres (putzen)
2. ____________________ l'aspirateur (staubsaugen)
3. ____________________ la vaisselle (abtrocknen)
4. ____________________ la vaisselle (spülen)
5. ____________________ la lessive (waschen)
6. ____________________ le linge (bügeln)
7. ____________________ le linge (aufhängen)
8. ____________________ la cuisine (kochen)
9. ____________________ balai (fegen)
10. ____________________ le lit (machen)
11. ____________________ les draps (Bett neu beziehen)
12. ____________________ la table (decken)
13. ____________________ la table (abräumen)

6.5 Erstellen Sie ein Wortfeld zum Thema „les pièces".

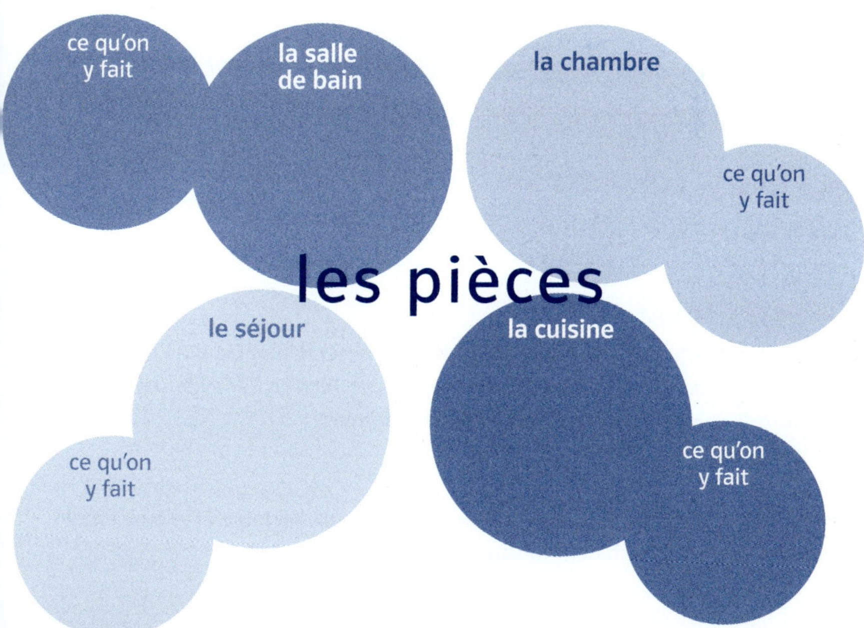

6.6 Verfassen Sie zwei stichwortartige Mietangebote für eine französische Tageszeitung.

a) Sie vermieten eine Wohnung im 18. Arrondissement von Paris (75). Die Wohnung umfasst zwei Zimmer ($50m^2$). Sie ist ab dem 01.11.2010 verfügbar. Die Miete beträgt 1.270 Euro monatlich.

b) Sie vermieten ein Zimmer in Montfermeil (93). Das $16m^2$ große Zimmer ist möbliert und ab sofort zu vermieten. Die Miete einschließlich Nebenkosten beträgt 290 Euro monatlich.

6.7 Gehen Sie durch Ihr Haus oder Ihre Wohnung, beschreiben Sie die Räumlichkeiten samt der Einrichtung und Angaben zu den letzten Renovierungsarbeiten, Umräumarbeiten oder Plänen für die Wohnung.

6.8 Beschreiben Sie, was Sie wann im Haushalt machen. Verfolgen Sie eine regelmäßige Routine – nach dem Motto: *Freitags ist Waschtag?*

7.1.1 Übersetzen Sie folgende Sätze ins Französische.

1. Manon ist die Letztgeborene einer kinderreichen Familie.
2. Die Tremblays haben Verwandtschaft in der Gegend.
3. Sie ist in einer Patchworkfamilie aufgewachsen.
4. Yvonne wäre ja gerne zur Schwangerschaftsberatung [Familienplanung] gegangen, aber sie wusste nicht, wo diese ist.
5. Gilbert ist ein entfernter Verwandter des Präsidenten.
6. Mathieu entschloss sich, mit einer gleichaltrigen Frau in eheähnlicher Gemeinschaft zu leben.
7. Ihr stünde eine Unterhaltszahlung zu.
8. Die Zahl der Familien mit nur einem Kind nimmt zu.
9. Dieses Spiel ist auch weiterhin für Minderjährige verboten.
10. Seine Urgroßeltern sind polnische Auswanderer.
11. Er ist nicht sein Bruder, sondern sein Vetter ersten Grades.
12. Ihre Patentochter heißt Monique.
13. Ihr Schwiegersohn hat ihre Tochter betrogen.
14. Man verbindet die Jugendzeit mit den Flegeljahren.
15. Philippe ist von niemandem widersprochen worden.

7.1.2 Ergänzen Sie wenn nötig die passende Präposition (und einen Artikel). 25

1. vivre ________________ couple
2. avoir confiance ________________ qn
3. ma tante ________________ alliance
4. le droit ________________ garde
5. se confier/faire confiance ________________ qn
6. être ________________ plein ________________ l'âge ingrat
7. faire quelque chose ________________ arrêt
8. aller ________________ boîte
9. être critique ________________ l'égard ________________ qc/qn
10. se plaindre ________________ qc
11. finir ________________ mal tourner
12. mettre qc ________________ question

7.1.3 Ergänzen Sie das passende Verb.

1. ________________ un enfant (großziehen)
2. ________________ d'une famille noble (abstammen)
3. ________________ une famille (gründen)

7.1.4 Ergänzen die das jeweilige Adjektiv.

la famille	►	______________	la puberté	►	______________
la mère	►	______________	les parents *mpl*	►	______________
le père	►	______________	la compréhension	►	______________
le frère	►	______________	l'agression *f*	►	______________
la majorité	►	______________	la violence	►	______________
la jeunesse	►	______________			

7.1.5 Skizzieren Sie Ihren eigenen bzw. einen fiktiven Familienstammbaum und fügen Sie die französischen Begriffe der Verwandtschaftsbezeichnungen hinzu.

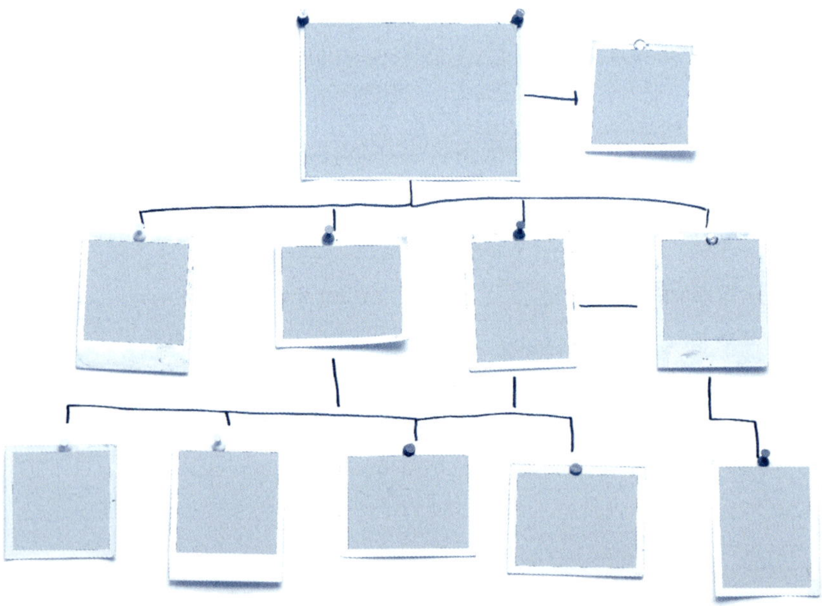

Soziale Gruppen, Lebensbedingungen und Verhalten 7.2

7.2.1 Übersetzen Sie folgende Sätze ins Französische.

1. Die Zahl der Erwerbstätigen wird zurückgehen.
2. 60 % von ihnen kommen aus einfachen Verhältnissen.
3. Der Kandidat hat die Kluft zwischen den Generationen hervorgehoben.
4. Dieses Collège wird von Kindern aus wohlhabendem Elternhaus besucht.
5. Sie ist nach und nach in Not geraten.
6. Meine Eltern sind arbeitslos.
7. Er war nicht völlig mittellos.
8. Thomas ist durch Börsenspekulation reich geworden.
9. Die Familie lebt sogar unter dem Existenzminimum.
10. Sie wollen die illegale Einwanderung besser kontrollieren.
11. 300 illegale Einwanderer haben vorm Rathaus demonstriert.
12. Das Projekt zielt auf den Abbau der gesellschaftlichen Spaltung.
13. Die Einwohner wurden auf eine harte Probe gestellt.
14. Ich habe mir Sorgen gemacht.
15. Sie haben seit Jahren eine angespannte Beziehung.
16. Pierre geht auf eine Privatschule in Avignon.
17. Ich bin gerührt von dem herzlichen Empfang.
18. Er läuft dem Glück hinterher.
19. Ich bin vom Pech verfolgt.
20. Es handelt sich also um ein florierendes Unternehmen.

7.2.2 Ergänzen Sie das jeweilige Antonym bzw. Synonym.

1. le niveau de vie = ______________
2. les vieux = ______________
3. une classe sociale = ______________
4. une réduction ≠ ______________
5. libre ≠ ______________
6. la richesse = ______________
7. la richesse ≠ ______________
8. un, une SDF (sans domicile fixe) = ______________
9. un marginal, une marginale = ______________
10. appauvri, appauvrie ≠ ______________
11. encourager qn ≠ ______________
12. vouvoyer qn ≠ ______________
13. rendre visite à qn = ______________
14. recevoir qn = ______________
15. rompre avec qn = ______________

7.2.3 Ergänzen Sie wenn nötig die passende Präposition (und einen Artikel). 28

1. l'impôt ______________ revenu
2. disposer ______________ ressources illimitées
3. s'intégrer ______________ la société
4. se trouver ______________ une situation précaire
5. être ______________ conflit avec qn
6. avoir pitié ______________ qn
7. faire pitié ______________ qn
8. se sentir solidaire ______________ qn
9. faire qc ______________ amitié ______________ qn
10. aider ______________ qn ______________ faire qc
11. être responsable ______________ qc
12. porter secours ______________ qn
13. être ______________ contact ______________ qn
14. être attiré ______________ qn
15. serrer la main ______________ qn
16. soupçonner qn ______________ faire qc
17. faire la bise ______________ qn
18. être jaloux ______________ qn
19. inspirer qc ______________ qn
20. féliciter qn ______________ qc
21. se moquer ______________ qn
22. inviter qn ______________ qc / ______________ faire qc
23. s'intéresser ______________ qc/qn
24. se sentir concerné ______________ un problème
25. faire ______________ la peine ______________ qn
26. contraindre qn ______________ faire qc
27. être privé ______________ qc
28. poursuivre qn ______________ justice
29. traiter qn ______________ qc/qn

30. se réconcilier ______________ qn
31. être ______________ aise
32. disposer ______________ qc

7.2.4 Ergänzen Sie das Adjektiv derselben Wortfamilie.

1. l'amabilité *f* ► ____________________
2. la responsabilité ► ____________________
3. l'amitié *f* ► ____________________
4. la liberté ► ____________________
5. la solidarité ► ____________________
6. le privilège ► ____________________
7. la société ► ____________________
8. l'antipathie *f* ► ____________________
9. l'affection *f* ► ____________________
10. le cœur ► ____________________
11. la solitude ► ____________________
12. la force ► ____________________
13. la prospérité ► ____________________

III
Sprache, Medien und Kommunikation

Sprachliche Kommunikation 8

8.1 Übersetzen Sie die folgenden Sätze ins Französische.

1. Das *t* am Ende von *chocolat* wird nicht ausgesprochen.
2. In diesem Roman wimmelt es von (*X regorge de Y*) umgangssprachlichen Ausdrücken.
3. Er brüstet sich damit, seinen Einfluss gesteigert zu haben.
4. Er hat sich bei mir entschuldigt.
5. Wir raten ihnen davon ab, eine Gänseleberpastete (*le foie gras*) im Kühlschrank aufzubewahren (*conserver, garder*).
6. Sie benutzt häufig Schimpfworte und Beleidigungen.
7. Sie beklagt sich häufig über Kopfschmerzen.
8. Ich wäre Ihnen dankbar, wenn Sie die Summe so bald wie möglich überwiesen.
9. Ich finde es grenzwertig (*limite*), dass sie sich ausgezogen hat.
10. Das ist ein grauenhaftes Kapitel unserer gemeinsamen Geschichte.
11. Lass uns in Ruhe!
12. Mit freundlichen Grüßen, Peter Gunzenhauser.

8.2 Setzen Sie das passende Wort ein. Probieren Sie zunächst, die Lücken ohne Hilfe der Wortvorgaben zu füllen.

de … en • faire • mettre • plonger • subir • au sujet de

1. Cette pièce ______________ les spectateurs petits et grands dans l'émerveillement de l'enfance.
2. Mes diarrhées sont ______________ pire ______________ pire.
3. Espérons que les terroristes ne ______________ pas leurs menaces à exécution.
4. On a eu un entretien ______________ sa promotion.
5. Il a ______________ un interrogatoire policier sévère.
6. L'auteur ______________ la démonstration de la nécessité de cette rupture.

9.1 Telekommunikation

9.1.1 Bilden Sie aus dem Buchstabensalat Begriffe zum Thema „le téléphone". 71

1. puco ed lfi = un ______________________
2. énibocm = un ______________________
3. airenuna = un ______________________
4. romuné tver = un ______________________
5. gepas nesauj = les ______________________ *fpl*

9.1.2 Ergänzen Sie das jeweilige Antonym bzw. Synonym.

1. recevoir un coup de fil ≠ ______________________
2. décrocher le téléphone ≠ ______________________
3. faire un numéro = ______________________
4. un SMS = ______________________
5. Ne quittez pas. = ______________________

9.1.3 Übersetzen Sie folgende Sätze ins Französische.

1. Zu welchem Departement gehört diese Vorwahl?
2. Ich rufe dich später nochmal an.
3. Ich habe mich verwählt.
4. Das ist eine Freisprechanlage, die sich an jedes Telefon anschließen lässt.
5. Nachdem ein Freund am Telefon belästigt worden war, ließ er sich eine Geheimnummer geben.

9.1.4 Vervollständigen Sie die folgenden Wendungen aus dem Bereich „au téléphone"

1. ______________________ après le bip sonore.
2. Il n'y a pas d'abonné ______________________.
3. Pouvez-vous ______________________ M. Carbonne ?
4. Restez ______________________.

.2.1 Ergänzen Sie das jeweilige Antonym bzw. Synonym.

1. BP = ______
2. un paquet = ______
3. le mailing = ______
4. l'expéditeur, l'expéditrice ≠ ______
5. un CCP = ______

.2.2 Ergänzen Sie wenn nötig die passende Präposition (und einen Artikel). 72

1. une boîte ______ lettres
2. envoyer une lettre ______ recommandé
3. une lettre ______ exprès
4. ______ attention ______ M. Mazies

.2.3 Ergänzen Sie passende Verben.

9.3 Fernsehen, Radio

9.3.1 Übersetzen Sie folgende Sätze ins Französische.

1. Das letzte Wort liegt bei den Fernsehzuschauern.
2. Ich gebe ins Studio zurück.
3. Mit diesem Programm kann man verschlüsselte Sender dekodieren.
4. Ich schalte bei Sendern um, auf denen sich geküsst wird.
5. Wie berechnet man die Einschaltquote?
6. Ich hatte meinen Radiowecker auf 7:50 Uhr gestellt.
7. Er sieht sich immer die Fernsehnachrichten an, um sich auf dem Laufenden zu halten.

9.3.2 Ergänzen Sie das jeweilige Antonym bzw. Synonym.

1. la télévision par satellite ≠ ______________________________
2. une chaîne privée ≠ ______________________________
3. émettre qc = ______________________________
4. la météo *fam* = ______________________________
5. la pub *fam* = ______________________________
6. donner une interview = ______________________ une interview
7. retransmettre qc en duplex ≠ retransmettre qc ______________
8. un animateur, une animatrice = ______________________________

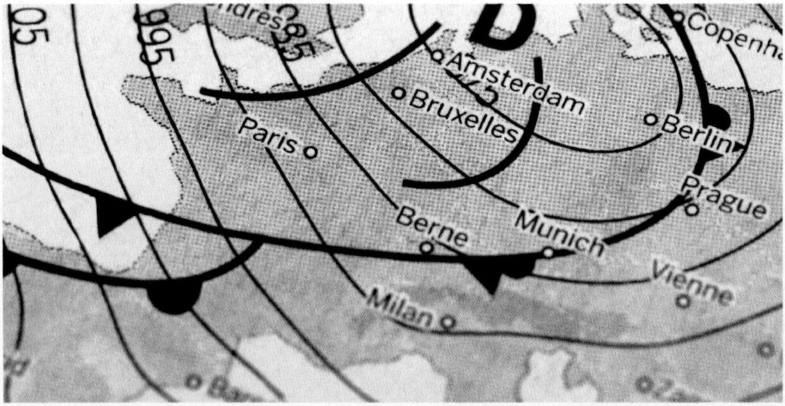

9.4.1 Ergänzen Sie wenn nötig die passende Präposition (und einen Artikel).
74–75

1. prendre qn ______________________ photo
2. une carte ______________________ mémoire
3. un appareil ______________________ reflex
4. la presse ______________________ cœur
5. la presse ______________________ sensation
6. la mise ______________________ page
7. une rédactrice ______________________ chef
8. paraître ______________________ exclusivité

9.4.2 Ergänzen Sie das jeweilige Antonym bzw. Synonym.

1. en couleurs ≠ ______________________
2. une épreuve = ______________________
3. mat, mate ≠ ______________________
4. net, nette ≠ ______________________
5. un lecteur laser vidéo = ______________________
6. les écouteurs *mpl* = ______________________
7. un hebdo *fam* = ______________________
8. un gros titre = ______________________
9. un sondage = ______________________
10. instructif, instructive ≠ ______________________
11. de source sûre = ______________________
12. la préface = ______________________

9.4.3 Übersetzen Sie folgende Sätze ins Französische.

1. Das ist eine Zeitschrift mit hoher Auflage.
2. Darin befindet sich eine Wochenendbeilage.
3. Sie können uns ihre Meinung in der Rubrik „Leserbriefe“ mitteilen.
4. Sie werden die neuesten Mitteilungen meines Blogs erhalten.
5. Ich habe eine Anzeige geschaltet, um mein Auto zu verkaufen.
6. Es gibt dort keine Pressefreiheit.

.5.1 Übersetzen Sie folgende Ausdrücke ins Französische.

1. eine CD ins Laufwerk legen
2. WLAN
3. ein Programm laden
4. Daten verarbeiten
5. Bildschirmschoner
6. auf das Symbol doppelklicken
7. updaten
8. Freeware

.5.2 Ergänzen Sie das jeweilige Antonym bzw. Synonym.

1. un PC = ______________________________
2. allumer le PC ≠ ______________________________
3. démarrer le portable ≠ ______________________________
4. le matériel ≠ ______________________________
5. le langage de programmation = ______________________________
6. un moniteur = ______________________________
7. une imprimante (à) laser ≠ ______________________________
8. se planter = ______________________________
9. mettre en mémoire = ______________________________
10. sauvegarder ≠ ______________________________
11. un jeu électronique = ______________________________
12. un, une internaute = ______________________________
13. en ligne ≠ ______________________________
14. une annexe = ______________________________
15. le chat = ______________________________

9.5.3 Erstellen Sie ein Wortfeld zum Thema „l'ordinateur".

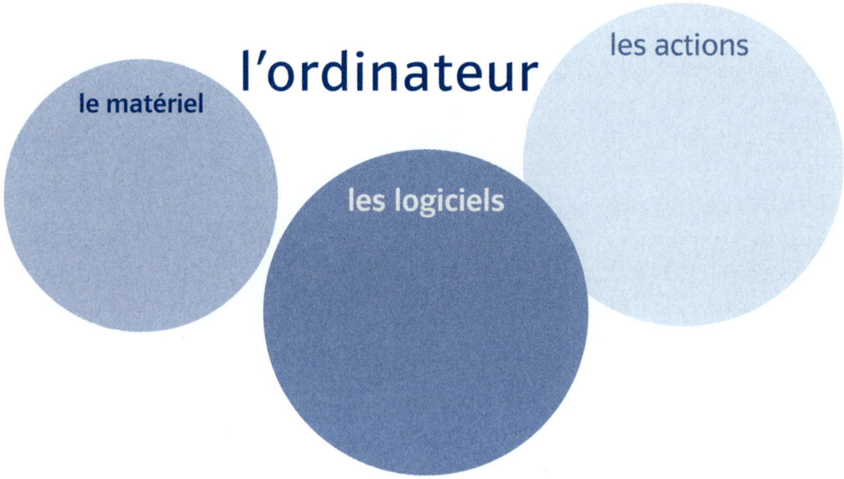

9.5.4 Bilden Sie aus dem Buchstabensalat Begriffe zum Thema „les multimédias". 76

1. eqsusdi rdu = un ______________________
2. cétacpai ed roimmée = la ______________________
3. léc SUB = une ______________________
4. treca nso = une ______________________
5. etbalru = un ______________________
6. vrcalei = un ______________________
7. cthuoe = une ______________________
8. spait ed soiurs = un ______________________
9. chfiire = un ______________________
10. rve qutemartiifno = un ______________________
11. ouetmr ed hercchere = un ______________________
12. rpea-euf = un ______________________
13. gtaiepra = le ______________________

.5.5 Die Sprache des Chats. Was bedeuten folgende Ausdrücke und Zeichen?

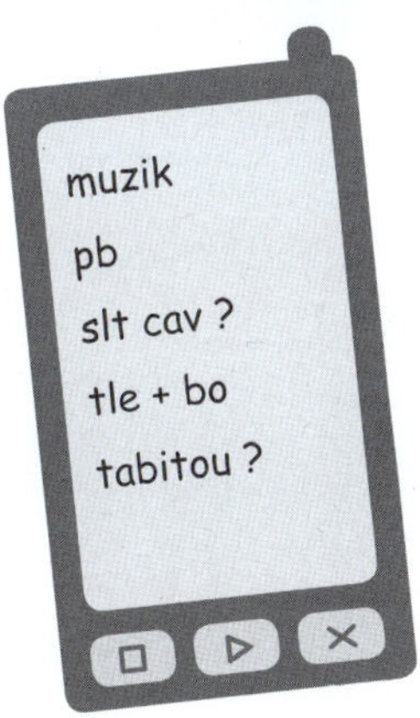

IV
Bildung, Arbeitswelt und Wirtschaft

Lernen, Bildung, Wissenschaft 10

10.1 Übersetzen Sie die folgenden Sätze ins Französische.

1. Wir werden die Fortbildung für Erwachsene ausbauen.
2. In Stammesgesellschaften (*les sociétés tribales*) üben die Stammesältesten (= die Alten) Macht über die Gemeinschaft aus.
3. Er ist bereit, sich der Entscheidung seines Vaters unterzuordnen.
4. « Une part du ciel » ist ein anspruchsvoller Film.
5. Vor Beginn des neuen Schuljahres müssen die Eltern die Lern- und Unterrichtsmittel kaufen.
6. Seine Noten reichen nicht aus, um versetzt zu werden.
7. Er hat seine Aufnahmeprüfung (Prüfung + *d'entrée*) an der Uni bestanden.
8. Dieser Lehrer benotet nicht sehr streng.
9. Er findet immer das passende Wort.
10. Haben Sie das im Kopf gerechnet?

10.2 Hier sind einige Begriffe aus dem deutschen und französischen Schulwesen, die kein Pendant im jeweils anderen System haben. Erklären Sie die deutschen Begriffe auf Französisch, die französischen auf Deutsch.

Aula	
un cahier de classe	
Klassenarbeitsheft	
un surveillant	
une infirmerie	

10.3 Setzen Sie das passende Wort ein. Probieren Sie zunächst, die Lücken ohne Hilfe der Wortvorgaben zu füllen.

apporter • *au* • *au* • *donner* • *en* • *fondamental, fondamentale* • *par* • *tracer*

1. Je l'ai dessiné ________________ crayon.
2. On ________________ le cercle de centre O.
3. La philosophie est inscrite ________________ programme des classes de terminale.
4. On ne peut pas diviser ________________ 0.
5. On va faire quelques exercices de calcul sur les quatre opérations ________________.
6. Galilée a ________________ la preuve que la terre tourne autour du soleil.
7. Ma prof de maths m'a ________________ une heure de colle.
8. Trente-trois lycéens français étaient ________________ échange scolaire dans le lycée Saint-Francis de New York.

10.4 Ergänzen Sie das jeweilige Antonym bzw. Synonym.

1. la langue littéraire ≠ ________________
2. réussir ≠ ________________
3. échouer = ________________
4. connaître ≠ ________________
5. être fort, forte en maths ≠ ________________
6. un proviseur (au lycée) = ________________ (au collège)
7. correct, correcte ≠ ________________
8. une addition ≠ ________________

10.5 Wer studiert was?

Un, une ...	fait des études de / d'...
1. un physicien, une physicienne	
2. un médecin	
3. un, une biologiste	
4. un historien, une historienne	
5. un, une linguiste	
6. un, une philosophe	
7. un mathématicien, une mathématicienne	
8. un, une psychologue	

10.6 Schreiben Sie einen stichwortartigen Bericht mit dem Titel „Une journée dans la vie d'un étudiant". Ist Ihnen das Leben an der Schule näher, dann beschreiben Sie doch diesen Alltag. Der Anfang könnte so aussehen:

7 h 30 Le réveil sonne! Saute du lit. Douche. Remplis ma tasse de café fort. Rajoute deux sucres.

8 h Prends mon vélo et vais ...

11 Berufs- und Arbeitswelt

11.1 Übersetzen Sie folgende Sätze ins Französische.

1. Sie hat ihre Ausbildung zur Schneiderin bei ihrer Mutter gemacht.
2. Bei den erwerbstätigen Immigranten beläuft sich die Arbeitslosenquote auf 21%.
3. Laurent hat sich in einem Pariser Vorort selbständig gemacht.
4. Zuerst muss ein Betriebspraktikum absolviert werden.
5. Er ist ein erfahrener Journalist.
6. Es liegt an ihnen, sich weiterzubilden.
7. Sie haben ihren Firmensitz in der EU.
8. Sie wäre die erste Frau, die diesen Posten bekäme.
9. Er hat auf seine Beförderung verzichtet.
10. Seine Frau führte ein kleines Einzelhandelsgeschäft.
11. Fast 7.000 Personen haben sich im Mai arbeitslos gemeldet.
12. Juliette arbeitet halbtags.
13. Viele von ihnen machen Heimarbeit.
14. Presseberichten zufolge arbeiten in Europa mehrere Millionen Einwanderer ohne Arbeitserlaubnis.
15. Die deutsche Bundesregierung hat ihr Vorgehen gegen die Schwarzarbeit intensiviert.
16. Der Lebensstandard hat sich geändert.
17. Sein Onkel macht immer noch Zeitarbeit.
18. Gleitzeit ist zu einem Thema geworden, das die Medien beschäftigt.
19. Daniel hat den 13. Juli als Brückentag genutzt.
20. Der 62-jährige Albert ist gerade in Rente gegangen.
21. Er hat bei seiner Entlassung eine Abfindung bekommen.
22. Sinkt die Kaufkraft?
23. Die Lohnnebenkosten steigen um 46%.
24. 2007 wäre sein Unternehmen fast Pleite gegangen.
25. Es ist zu einem Tarifabschluss gekommen.

11.2 Ordnen Sie den folgenden Definitionen die passende Berufsbezeichnung zu.

un acteur, une actrice • un agent de police / un policier • un avocat, une avocate • un commerçant, une commerçante • un, une comptable • un contremaître, une contremaîtresse • un couvreur, une couvreuse • un cuisinier, une cuisinière • un facteur, une factrice • un, une généraliste • un infirmier, une infirmière • un jardinier, une jardinière • un, une libraire • un manœuvre • un marchand, une marchande • un marin • un opticien, une opticienne • un ouvrier, une ouvrière • un, une professeur • un représentant, une représentante • un, une secrétaire • un serveur, une serveuse

1. Personne dont la profession est de tenir les comptes.	
2. Personne qui rédige certaines pièces (procès-verbaux, lettres expédiées...), s'occupe de l'organisation et du fonctionnement d'une assemblée, d'une société, d'un organisme, d'un service administratif.	
3. Personne qui exécute un travail manuel, exerce un métier manuel ou mécanique moyennant un salaire.	
4. Personne responsable d'une équipe d'ouvriers.	
5. Ouvrier exécutant des tâches élémentaires qui n'exigent pas d'apprentissage préalable.	
6. Personne qui appartient à un service de police.	
7. Personne qui porte et distribue à leurs destinataires les lettres, dépêches, imprimés, colis envoyés par la poste.	
8. Personne qui enseigne une discipline, un art, une technique, des connaissances, d'une manière habituelle et le plus souvent organisée.	
9. Personne qui est désignée par un groupe, une société, une personne morale, etc. pour agir en son nom.	
10. Personne qui fait du commerce par profession.	

11. Commerçant chez qui l'on achète une ou plusieurs sortes de marchandises (denrées ou articles de consommation, d'utilité courante) qu'il fait profession de vendre.	
12. Personne qui, par profession, soigne des malades et s'en occupe, sous la direction des médecins ou en appliquant leurs prescriptions.	
13. Personne qui joue des rôles, qui représente des personnages à la scène ou à l'écran de manière habituelle ou fréquente.	
14. Celui ou celle qui fabrique ou vend des instruments d'optique, des lunettes.	
15. Commerçant dont la profession est de vendre des livres au public.	
16. Personne qui a pour fonction de faire la cuisine.	
17. Personne qui fait ou répare les toitures des maisons.	
18. Garçon de restaurant spécialement chargé du service de la table; femme chargée de servir les clients (dans un restaurant, un café).	
19. Qui pratique la médecine générale.	
20. Personne dont le métier est de cultiver les jardins.	
21. Personne qui, régulièrement inscrite à un barreau, conseille en matière juridique ou contentieuse, assiste et représente ses clients en justice.	
22. Homme dont la profession est de naviguer sur mer.	

11.3 Ergänzen Sie das jeweilige Antonym bzw. Synonym.

1. être sans emploi = ______________________________
2. un job *fam* = ______________________________ *fam*
3. le traitement = ______________________________
4. l'exportation *f* ≠ ______________________________
5. engager qn = ______________________________
6. travailler à plein temps = ______________________________
7. un jour férié ≠ ______________________________
8. créer des emplois ≠ ______________________________

11.4 Was bezeichnen die folgenden Abkürzungen bzw. umgangssprachlichen Ausdrücke?

1. une heure sup = ______________________________
2. un CDD = ______________________________
3. un CDI = ______________________________
4. l'ANPE *f* = ______________________________
5. un, une instit = ______________________________
6. un, une kiné = ______________________________
7. un PDG = ______________________________
8. la RTT = ______________________________
9. une manif = ______________________________

11.5 Bilden Sie aus dem Buchstabensalat Begriffe zum Thema „le bureau“. 35

1. alsle ed nurioén = une ______________________
2. cihfe = une ______________________
3. aadneg = un ______________________
4. locb-setno = un ______________________
5. ne-êeet = un ______________________
6. ceren = l'______________________ *f*
7. oclle = la ______________________
8. gaauserfe = une ______________________
9. peipohtocueso = une ______________________
10. aoycnr = un ______________________

11.6 Verfassen Sie auf eine von Ihnen gewählte Stellenausschreibung ein Bewerbungsschreiben. Als Fundgrube dienen beispielsweise Onlinezeitungen oder Online-Arbeitsvermittlungsplattformen, z. B.:

http://www2.pole-emploi.fr/espacecandidat/cnx/ConnexionRechercheOffre.do
http://www.talents.fr/

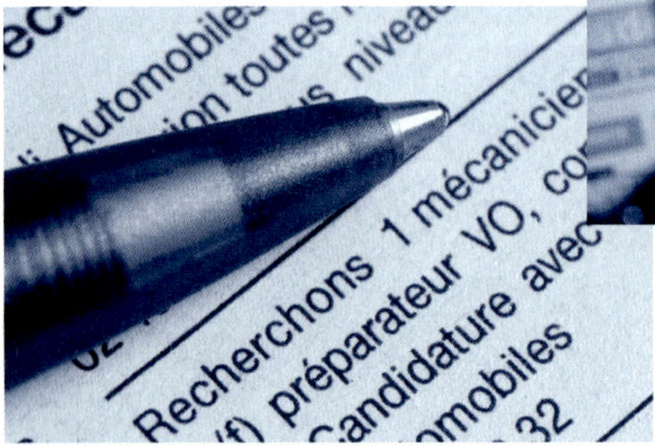

Wirtschaft und Geschäftsleben 12

12.1 Setzen Sie das passende Wort ein. Probieren Sie zunächst, die Lücken ohne Hilfe der Wortvorgaben zu füllen.

> ***accorder*** • ***écouler*** • ***faire*** • ***faire/rédiger*** • ***gros, grosse*** • ***installé*** • ***passer*** • ***plein*** • ***pour*** • ***remplir*** • ***résilier***

1. Venus dans le quartier ____________________ affaires, ils ont l'air un peu perdu dans leur costume-cravates.
2. À l'époque, le textile était en ____________________ essor.
3. Il est nommé directeur du laboratoire Aimé-Cotton, actuellement ____________________ à Evry.
4. Il est plus facile d'____________________ le stock en temps de crise.
5. Veuillez ____________________ à la caisse, s'il vous plaît.
6. Pierre a ____________________ tous les formulaires nécessaires.
7. En cours de contrat, l'assuré ne peut ____________________ son assurance qu'une fois par an.
8. Vous pourriez me ____________________ un chèque ?
9. Nous restons la banque qui ____________________ le plus de prêts aux agriculteurs.
10. La maison ____________________ crédit.
11. Pierre me doit une ____________________ somme.

12.2 Übersetzen Sie den folgenden Text ins Deutsche.

Le quotidien « Aujourd'hui en France » a relevé les prix d'une trentaine de produits de la vie courante[1] et les a comparés avec leur niveau de 2001, juste avant le passage à l'euro. Bilan : dans la quasi-totalité des cas, on peut noter des hausses fortes et parfois excessives alors que les statistiques officielles nous font croire que l'inflation reste « sage ».
Curieux décalage. Les statistiques officielles ont beau indiquer une hausse globale des prix d'environ 10% depuis le lancement de l'euro en janvier 2002, les ménages, eux, ont le désagréable sentiment de ne plus s'y retrouver[2] dans la valse des étiquettes[3]. Et de perdre, avec leurs repères[4], de leur pouvoir d'achat. Question centrale s'il en est de la campagne électorale. Pour tenter d'y voir plus clair, notre journal s'est intéressé à l'évolution de certains prix des produits les plus courants depuis 2001, du café à la baguette de pain en passant par le ticket de métro.
Principal enseignement : les prix de plusieurs produits de base[5] ont bel et bien[6] explosé. On pourra certes objecter que le coût des matières premières s'est envolé ou que certains secteurs, comme la santé, ont bénéficié d'indispensables rattrapages tarifaires[7] mais le fait est là : les petites dépenses quotidiennes ont parfois doublé… Et c'est sans doute de là que vient le décalage entre les dépenses bien réelles des acheteurs et les statistiques des experts. « Vous achetez un ordinateur tous les cinq ans, mais le café ou la baguette de pain, vous l'achetez tous les jours », explique Sylvain Broyez, économiste chez IXIS CIB.

[1]Güter des täglichen Bedarfs | [2]sich (in / bei etwas) zurechtfinden | [3]ständige Preisänderungen, sich ständig ändernde Preise | [4]Orientierungspunkt, Anhaltspunkt, Bezugspunkt | [5]Basisprodukt | [6]regelrecht | [7]Lohnangleichung, Lohnanpassung

Questions

a. De quoi est-il question dans cet extrait ?
b. Comment se fait-il que nombre de Français regrettent la disparition du franc au profit de l'euro ?
c. Comment peut-on expliquer le décalage entre les statistiques des experts et les constatations faites par le consommateur lambda ?

2.3 Nennen Sie die Substantive, die zu den Definitionen passen

1. une opération par laquelle un agent économique s'engage, contre paiement d'une somme d'argent (une prime), à verser une somme à un autre agent économique pour indemniser un sinistre ou un dommage :	
2. un avantage financier que l'on tire d'une transaction commerciale ; *opp* : une perte :	
3. un salarié qui exerce un poste de responsabilité dans une entreprise ou dans la fonction publique :	
4. un appareil qui sert à enregistrer les entrées et sorties d'argent dans un magasin, à un guichet, dans un service :	
5. un agent économique dont la fonction principale est de servir d'intermédiaire lors des transactions financières (paiements, prêts...) des autres agents économiques :	
6. une situation où une personne n'exerce pas d'activité professionnelle :	
7. une opération par laquelle on utilise une partie de son revenu disponible à l'achat de biens et de services :	
8. une somme d'argent qui représente le prix qu'on doit payer comme rémunération pour le fait d'avoir emprunté de l'argent :	
9. un marché, un lieu d'échanges où se rencontrent des professionnels qui vendent et achètent des actions, des marchandises ou des matières premières :	
10. un lieu où un agent économique présente des marchandises :	
11. un instrument de mesure de la valeur d'un bien et moyen de paiement :	
12. un document comptable qu'un agent économique établit à la fin d'une période et qui récapitule les différents types d'opérations entre cet agent économique et d'autres agents économiques :	

12.4 Sie wollen ein Haus oder eine Wohnung kaufen. Verwenden Sie folgendes Muster, um zu berechnen, wie viel Kredit sie maximal aufnehmen können.

Revenus mensuels	€
Salaire mensuel net	
Allocations familiales	
Autres (loyers, revenus financiers ...)	
Total	

Charges	
Loyer	
Remboursement prêt	
Crédit (voiture, etc.)	
Eau	
Gaz	
Électricité	
Téléphone/Internet	
Téléphone portable	
Frais de transport	
Voiture (assurance, entretien)	
Autres assurances	
Alimentation	
Abonnements	
Vacances	
Total	

12.5 Übersetzen Sie die folgenden Sätze ins Französische.

1. Seit den sechziger Jahren hat sich die Unternehmenswelt völlig verändert.
2. Kurz nach seinem Amtsantritt kündigte der französische Finanzminister eine Erhöhung des gesetzlichen Mindestlohns an.
3. In einigen Betrieben beklagen die Facharbeiter, dass sie nicht mehr mitreden dürfen (*ne plus avoir voix au chapitre*).
4. In Westeuropa haben zahlreiche Textilunternehmen Konkurs angemeldet. Schuld daran ist (*la faute en revient à*) die Globalisierung der Wirtschaft.
5. Viele mittelständische Unternehmen sind nicht mehr in der Lage, der verschärften Konkurrenz standzuhalten.
6. Diese landwirtschaftlichen Betriebe bauen vor allem Getreide, Raps, Rüben, Oliven und Zitrusfrüchte (*les agrumes mpl)* an.
7. Die Reserven in dieser Lagerstätte sind so groß, dass drei Pipelines nicht zuviel des Guten wären (*ne pas être de trop*).
8. Er besaß eine Großhandelsfirma in seinem Namen, die einen Jahresumsatz von 4 Millionen Euro erzielte (*réaliser*).
9. Der Züchter ist für den Verlust seines Tieres entschädigt worden (= hat Schadenersatz erhalten.)
10. Im Collège werden die Kosten nur noch zu zwei Dritteln abgedeckt.

V
Freizeit

Freizeit, Unterhaltung, Sport und Spiel 13

13.1 Übersetzen Sie folgende Sätze ins Französische.

1. Um sich abzulenken, beschließt er zu verreisen.
2. Auf der Reise kann ich schmökern.
3. Ich habe mich ihm leise genähert, weil er in seine Lektüre vertieft war.
4. Mein Kind möchte gerne ein Online-Videospiel spielen.
5. Ab und zu (= es kommt vor, dass) arbeite ich mit einer Digitalkamera.
6. Ich weiß immer noch nicht, wie man eine DVD brennt.
7. Emma arbeitete gerne im Garten.
8. Warum fangen Sie nicht an, etwas Gemüse zwischen Ihren Blumen anzubauen?
9. Anna ist als Siegerin aus diesem Wettkampf hervorgegangen.
10. Die Anti-Doping-Spezialisten schätzen, dass dieses Hormon immer häufiger verwendet wird.
11. Sie war sich über die Risiken, die sie bei der Entscheidung für das Skifahren außerhalb der Piste in Kauf nahm, völlig im Klaren.

13.2 Ergänzen Sie das jeweilige Antonym bzw. Synonym.

1. se balader = ______________________________
2. une balade = ______________________________
3. se relaxer = ______________________________
4. tricoter = ______________________________
5. le gagnant, la gagnante ≠ ______________________________
6. le gagnant, la gagnante = ______________________________
7. une défaite ≠ ______________________________
8. le hand fam = ______________________________
9. un, une pro fam = ______________________________
10. un vtt = ______________________________
11. le doping = ______________________________
12. le jogging = ______________________________
13. une star = ______________________________
14. un bide fam = ______________________________

13.3 Ergänzen Sie wenn nötig die passende Präposition (und einen Artikel). 38 – 41

1. faire une promenade ______________ vélo
2. un peintre ______________ dimanche
3. un jardin ______________ potager
4. une carte ______________ mémoire
5. la colle ______________ bois
6. faire ______________ peinture
7. un pêcheur ______________ ligne
8. prendre qn ______________ photo
9. faire une partie ______________ pétanque
10. perdre ______________ qn
11. vaincre ______________ son adversaire
12. faire du cyclisme ______________ amateurs
13. mener ______________ 4 jeux ______________ 2
14. le saut ______________ longueur
15. le saut ______________ perche
16. nager ______________ piscine
17. nager ______________ mer
18. se déguiser ______________ pirate

13.4 Bilden Sie aus dem Buchstabensalat Begriffe zum Thema:

a) „le sport" 39

1. qeutaret = une ______________
2. etlfi = un ______________
3. cehamn = une ______________
4. waclr = le ______________
5. eétagr = une ______________
6. merar = ______________
7. mircesle = l'______________ *f*
8. lutcmiesru = le ______________
9. noitquatéi = l'______________ *f*
10. tutel = la ______________

b) „la fête“ 41

1. llérievno = le ____________
2. êetf neofiar = une ____________
3. êmetapb = le ____________
4. scoen = les ____________ *fpl*
5. viinét = un ____________
6. uatgâe = un ____________
7. nceaiabm = une ____________
8. emntédugies = le ____________
9. uqteanb = un ____________
10. nieomceér = une ____________

13.5 Erstellen Sie ein Wortfeld zum Thema „la rencontre sportive“

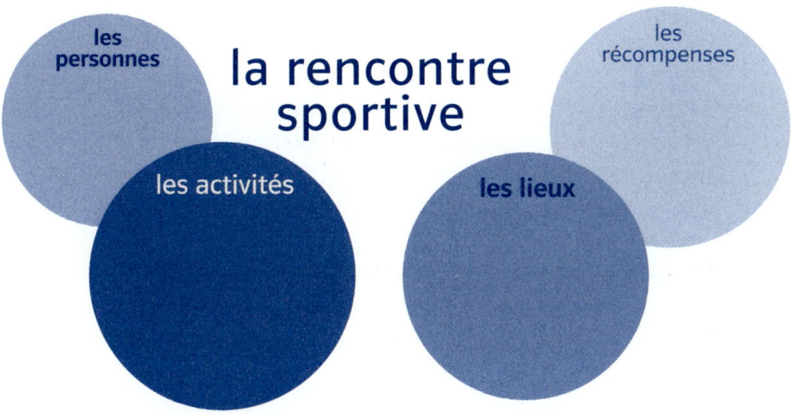

13.6 Rezensieren Sie ein Theaterstück oder einen Kinofilm Ihrer Wahl. Benutzen Sie dabei möglichst viel Fachvokabular.

13.7 Erklären Sie mündlich wie man Boules (oder Pétanque) spielt. Aber machen Sie sich zur Vorbereitung ein paar Notizen.

14 Reisen und Tourismus

14.1 Übersetzen Sie folgende Sätze ins Französische.

1. Einige waren seekrank und mussten im Schiffsinneren bleiben.
2. Der Hund wurde bei prallem Sonnenschein aus dem Auto gerettet.
3. Statt den Zoll zu passieren, haben sie einen Umweg über die Berge gemacht.
4. Warum in ein fernes Land fliegen?
5. Die Ostsee ist eines der am stärksten verschmutzten Weltmeere.
6. Ich biete einer jungen Frau ein mit allem Komfort ausgestattetes Zimmer an.
7. Die Medikamente sind unerschwinglich.
8. Der Preis kann pro Stück oder als Pauschale berechnet werden.
9. Es empfiehlt sich, das Zelt vor Einbruch der Nacht aufzubauen.
10. Diese Vorgehensweise hat sich zu einem örtlichen Brauch entwickelt.
11. Sie schickte sich an (= bereitete sich darauf vor), die Bestellungen aufzunehmen.
12. Das Menü umfasst eine Hauptspeise und ein Dessert nach Wahl.
13. Das Burgund ist berühmt für sein historisches Erbe.
14. Das ist ein eleganter Spitzenwein.
15. Die Getränkepreise sind angemessen.
16. Burgen dienten als Zufluchtsort.
17. Die Stadtmauern waren viel niedriger als heute.
18. Heute ist das Schloss ein Freilichtmuseum.

14.2 Bilden Sie aus dem Buchstabensalat Begriffe zum Thema „le tourisme“. 42; 44; 4

1. rceanvaci = un ____________________
2. génoc = le ____________________
3. roujés = un ____________________
4. irebpouro = le ____________________
5. itrepqutose = ____________________

14.3 Ergänzen Sie wenn nötig die passende Präposition (und einen Artikel). 42 – 45

1. partir ____________ voyage
2. un office ____________ tourisme
3. partir ____________ France
4. arriver ____________ destination
5. voyager ____________ train
6. attendre la correspondance ____________ Paris
7. voyager ____________ seconde classe
8. partir ____________ une heure ____________ retard
9. faire ____________ escale
10. une autoroute ____________ péage
11. naviguer ____________ bord ____________ voilier
12. une vue ____________ mer
13. partir ____________ aventure
14. chambre ____________ louer
15. un restaurant ____________ 3 étoiles
16. donner ____________ rue
17. être compris ____________ le prix de la chambre
18. partir ____________ colo
19. un tour ____________ ville
20. la carte ____________ vins
21. une église ____________ ruine

14.4 Ergänzen Sie das jeweilige Antonym bzw. Synonym.

1. un circuit = ____________
2. se renseigner sur qc = ____________
3. un voyagiste = ____________
4. faire sa valise ≠ ____________

5. le départ ≠ ______________________
6. un TGV = ______________________
7. un aller-retour ≠ ______________________
8. rater un train *fam* = ______________________
9. GR = ______________________
10. un ferry(-boat) = ______________________
11. atterrir ≠ ______________________
12. l'atterissage *m* ≠ ______________________
13. calme ≠ ______________________
14. valable ≠ ______________________
15. une randonnée = ______________________
16. se doucher = ______________________
17. libre ≠ ______________________
18. une colo *fam* = ______________________
19. un self *fam* = ______________________
20. un patron, une patronne = ______________________
21. le menu = ______________________
22. le plat principal = ______________________

14.5 Erstellen Sie eine kleine Broschüre oder verfassen Sie einen Werbetext eines Hotels in einem Ferienparadies Ihrer Wahl. Preisen Sie Unterkunft und nahegelegene Ausflugsziele an.

VI
Umwelt und Verkehr

15 Verkehr

15.1 Übersetzen Sie die folgenden Sätze ins Französische.

1. Auf den Inseln fährt man mit dem Fahrrad.
2. Er hat nicht an der Ampel gehalten.
3. In Australien fährt man links.
4. Ich fahre sehr häufig mit Fernlicht.
5. Zur Hauptverkehrszeit ist die Metro immer voll.
6. Morgen muss ich den Wagen in die Werkstatt bringen.
7. Man hat ihm den Führerschein wegen Trunkenheit am Steuer (*conduite en état d'ivresse*) entzogen.
8. Es wird von Ihnen verlangt, dass Sie Ihre Knöllchen zahlen.
9. Die Maschine fliegt mit einer ungefähren Geschwindigkeit von 880 km/h auf ihr Ziel zu.
10. Ein Hubschrauber landet am Strand.

15.2 Setzen Sie das passende Wort ein. Probieren Sie zunächst, die Lücken ohne Hilfe der Wortvorgaben zu füllen.

charger* • *contre* • *s'engager* • *excès* • *monter* • *par* • *en provenance de/à destination de* • *rater* • *respecter* • *souterrain, souterraine

1. Il faut descendre au deuxième niveau du parking ____________ pour y accéder.
2. Pierre devra payer une amende de 100 euros pour ____________ de vitesse.
3. Vous êtes assuré ____________ l'incendie ?
4. Savez-vous ____________ les pneus ?
5. Ce chauffard n'a pas ____________ la priorité à droite.
6. Nous venons ____________ le train de 6 heures.
7. Le TGV ____________ Grenoble part de la voie 3.
8. Si tu ne te dépêches pas, tu vas ____________ ton métro.
9. Nous avons ____________ le matériel sur le bateau.
10. Elle s'est ____________ dans un sens interdit.

15.3 Was bedeuten die folgenden Schilder?

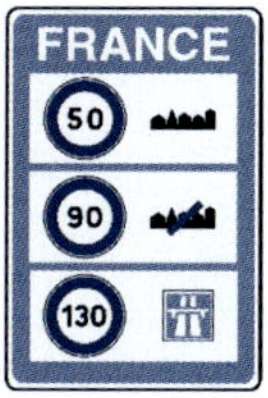

15.4 Versuchen Sie die kursiv gesetzten Wörter aus der Situation heraus zu verstehen.

Une panne. Un mini-dialogue.

- Zut ! Le moteur ne part pas.
- C'est peut-être la panne sèche ?
- Jamais de la vie ! Je viens de prendre de l'essence.
- Peut-être que la batterie est *à plat* ?
- À la rigueur, il faudra aller chercher la dépanneuse pour nous faire remorquer.
- De toute façon, tu feras bien de te *rabattre à droite*, de *poser le triangle* et d'aller à *la borne d'urgence* derrière *la glissière de sécurité* pour contacter un dépanneur.
- D'accord. Entre temps, tu pourrais étudier *la notice d'entretien.*
- Penses-tu, je suis nul en *mécanique.*

(© Herbert Huber, À travers la phraséologie routière, Praxis des neusprachlichen Unterrichts 4/2000, 401)

15.5 Nennen Sie die Vor- und Nachteile unterschiedlicher Verkehrsmittel.

	comprend...	bon pour...	inconvénients
transport routier			
transport ferroviaire			
transport maritime			
transport aérien			

Natur, Umwelt, Ökologie 16

16.1 Übersetzen Sie den folgenden Text ins Deutsche.

Selon les calculs de la Commission européenne, un aller-retour Paris-New York pour deux personnes en avion produit plus de CO^2 qu'une voiture pendant un an. C'est pourquoi Bruxelles veut faire participer les compagnies aériennes à la lutte contre l'effet de serre. L'idée consisterait à appliquer au transport aérien des quotas d'émission de CO^2 comme ceux accordés à l'industrie le 1er janvier 2005 et qui concernent 11 500 gros consommateurs d'énergie. Une bourse[1] a été créée, qui permet aux entreprises n'utilisant pas tous leurs « droits de polluer »[2] de les revendre à celles qui n'arrivent pas à respecter leur objectif d'émission[3]. Pour l'instant, les transports ne sont pas concernés. Entre 1990 et 2003, les émissions de gaz à effet de serre de l'UE provenant des vols internationaux ont augmenté de 73%.
Si rien n'est fait, cette hausse pourrait atteindre 150% d'ici à 2012.

(© « Les avions, cibles de Bruxelles » de Julie Majerczak, Libération 29.09.2005)

[1]Emissionsbörse | [2]Verschmutzungsrechte | [3]Minderungsziel für Treibhausgase

Questions

a. Quel est le sujet de ce texte ?
b. Pourquoi la Commission de Bruxelles veut-elle faire participer les compagnies aériennes à la lutte contre l'effet de serre ?
c. Pourquoi est-il indispensable de limiter les émissions de gaz à effet de serre ?

16.2 Übersetzen Sie die folgenden Sätze ins Französische.

1. Die Grünen wiesen darauf hin, dass Windenergie erhebliche Vorteile bietet.
2. Die Umweltschützer sind sich darüber einig, dass die Industrieländer fossile Brennstoffe durch Bio-Kraftstoffe ersetzen müssen.
3. Viele Flüsse sind völlig durch Pestizide verschmutzt.
4. Es ist noch nicht einmal 8 Uhr, aber die Sonne sticht schon.
5. Der Bergsteiger wurde von einer heftigen Böe aus dem Gleichgewicht gebracht (*déséquilibrer*).
6. Die Häuser in dieser Region haben oft Schieferdächer.

7. Ich lasse den Öltank füllen, wenn der Ölpreis am niedrigsten ist.
8. Ich lasse das Unkraut wachsen.
9. Dany hat das Laub mit dem Rechen (*un râteau*) zusammengeharkt (= gesammelt, aufgehoben).
10. Der Garten war von Eichen, Birken, Ulmen und Pappeln umgeben.
11. Ihm dieses Buch zu schenken, das hieße Perlen vor die Säue werfen.
12. Das Unternehmen ist auf die Trennung von Hausmüll spezialisiert.

16.3 Setzen Sie das passende Wort ein. Probieren Sie zunächst, die Lücken ohne Hilfe der Wortvorgaben zu füllen.

éliminer* • *en* • *en* • *encombrant, encombrante* • *entrer* • *s'étendre* • *grossir* • *passer* • *porter* • *sans

1. Il n'y a pas de fumée ____________________ feu.
2. Il suffit de ____________________ ses ordures à la décharge publique.
3. Le fait de jeter dans la rue des objets ____________________ est passible de fortes amendes.
4. On utilise de plus en plus d'incinérateurs pour ____________________ les déchets.
5. La plupart des objets ____________________ argile sont déposés au Musée de l'Ermitage.
6. Les pluies avaient ____________________ la rivière.
7. Au-dessus de 0 degré, l'eau ____________________ de l'état solide à l'état liquide.
8. Le centre commercial ____________________ sur 65 000 mètres carrés.
9. Le volcan est ____________________ éruption, crachant de la lave jusqu'à 1 000 mètres d'altitude.
10. Tout le quartier des Halles est ____________________ chantier.

16.4 Auf der folgenden Webseite finden Sie eine Hörverstehensübung zum Ökotourismus (l'écotourisme au Liban): *http://www.rfi.fr/lffr/pages/001/accueil_exercice_ecoute.asp* Hören Sie den Text zunächst vollständig; versuchen Sie dann in einem zweiten Durchgang, einen kleinen Text auf der Grundlage der folgenden Fragen zu verfassen.

1. Quelle est la particularité du Liban ?
2. Pourquoi la biodiversité est-elle menacée dans ce pays ?
3. Quel est l'objectif du guide que vient de publier la personne interviewée ?

16.5 Ein Quiz.

1. Avec quel(s) pays ces régions françaises sont-elles frontalières ?
   a) la région PACA (Provence-Alpes-Côte d'Azur) : ______
   b) la Franche-Comté : ______
   c) la région Midi-Pyrénées : ______
   d) l'Aquitaine : ______
   e) l'Alsace : ______
   f) la Guyane : ______

2. Associez chaque ville avec sa jumelle.
   - ☐ a) Caen
   - ☐ b) Osnabrück
   - ☐ c) Tours
   - ☐ d) Tübingen
   - ☐ e) Angers
   - ☐ f) Mülheim an der Ruhr
   - ☐ g) Wurtzbourg
   - ☐ h) Aix-en-Provence

3. Toutes ces villes sont traversées par la Seine, sauf une. Laquelle ?
   - ☐ a) Melun
   - ☐ b) Dijon
   - ☐ c) Evry
   - ☐ d) Troyes
   - ☐ e) Paris

4. Dans quel département la Dordogne prend-elle sa source ?
   - ☐ a) le Puy-de-Dôme
   - ☐ b) le Nord-Pas-de-Calais
   - ☐ c) la Haute-Loire
   - ☐ d) la Corrèze
   - ☐ e) l'Allier

5. Lesquels de ces fleuves ne se jettent pas dans l'estuaire de la Gironde ?
   - a) la Garonne
   - b) la Seine
   - c) la Dordogne
   - d) le Rhône
   - e) la Loire

6. Quel nom donne-t-on à la côte aquitaine ?
   - a) la côte d'Émeraude
   - b) la côte d'Or
   - c) la côte de Vermeil
   - d) la côte d'Argent

7. Lesquels de ces animaux peut-on rencontrer dans les Alpes ?
   - a) la marmotte (*Murmeltier*)
   - b) le chamois (*Gämse*)
   - c) l'ours
   - d) le tigre
   - e) le cochon d'Inde
   - f) le chevreuil (*Reh*)

16.6 Beschreiben Sie, was Sie bei einer Flugreise über Frankreich von Lille nach Nizza an Landschaften sehen. Die Flugroute ist unten vorgegeben.

VII
Politik, Kunst und Kultur

17 Staat, Recht, Politik

17.1 Übersetzen Sie die folgenden Sätze ins Französische.

1. Die Machtergreifung durch die Taliban in Afghanistan wurde zu einem guten Teil vom pakistanischen Geheimdienst (*les services secrets*) gesteuert (*orchestrer*).
2. Sie verfügen über die absolute Mehrheit in der Nationalversammlung.
3. In einer Fernsehansprache von fast vier Stunden Dauer hat sich der Präsident an das Volk gewandt.
4. Der Gesetzentwurf, der am Mittwoch abgelehnt wurde, hätte die Zahl der Raucher nicht verringert.
5. Er hat sich beim Standesamt eine Ehebescheinigung ausstellen lassen.
6. Die Steuerpflichtigen werden ihrem Einkommen gemäß veranlagt.
7. Er war bis 2002 Mitglied der Grünen.
8. Er wird als Belastungszeuge gehört werden.
9. Bill Clinton hat unter Eid ausgesagt, dass er keine sexuellen Beziehungen mit Monica Lewinsky hatte.
10. Die Betrüger sind mit dem ersten Rückflug in ihr Herkunftsland zurückgeschickt worden.

17.2 Setzen Sie das passende Wort ein. Probieren Sie zunächst, die Lücken ohne Hilfe der Wortvorgaben zu füllen.

abandonner • assurer/prendre • auprés • condition • de • en • en • exercer • faire • flagrant • ministériel, ministérielle • obtenir • occuper • occuper • porter • procéder

1. Une Française ________________ souche qui va avec un Maghrébin, c'est tout à fait normal pour moi.
2. Les femmes sont ________________ minorité.
3. La police a ________________ à l'arrestation du terroriste.
4. Pour les inculper, la police doit les interpeller en ________________ délit.
5. Les soupçons se ________________ sur le milliardaire d'origine saoudienne Ben Laden.

6. À la grande colère du commissaire, le parquet a ______________ les poursuites.

7. Il a ______________ un non-lieu pour les faits de corruption.

8. Le chef de l'État a procédé un remaniement ______________

9. Je veux ______________ mon droit de vote.

10. Il ______________ un poste très important dans la hiérarchie du parti.

11. Il faut ______________ une demande ______________ du ministre de l'Intérieur trois mois à l'avance.

12. Le ministre a dressé un bilan de la ______________ féminine.

13. Longtemps sa rivale, elle était toute désignée pour ______________ sa succession.

14. C'est un étudiant ______________ droit venu de province.

17.3 Erstellen Sie ein Wortfeld zum Thema „la politique".

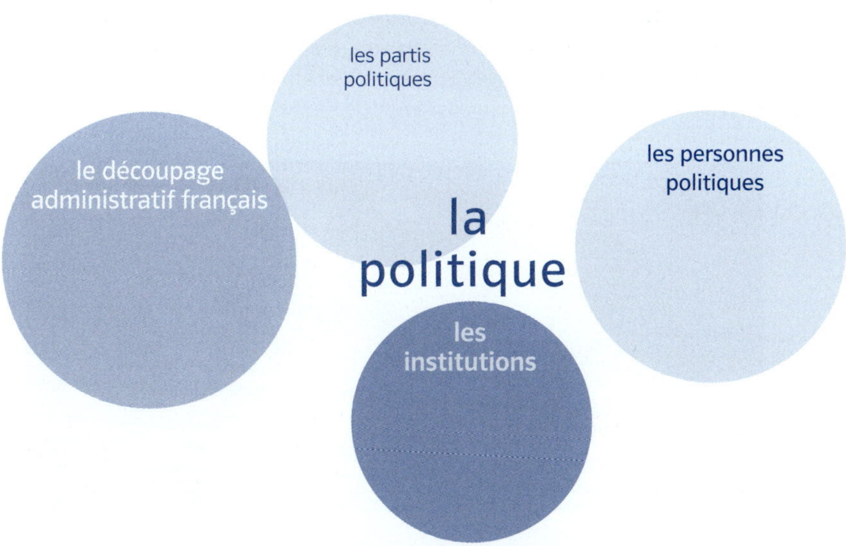

17.4 Wortschatz und Mediation

Der „Vertrag zwischen der Französischen Republik und der Bundesrepublik Deutschland über die deutsch-französische Zusammenarbeit" (Traité entre la République française et la République Fédérale d'Allemagne sur la coopération franco-allemande) war ein wichtiger Schritt zur Versöhnung der ehemaligen Erbfeinde (les ennemis héréditaires). Bei einem Treffen des deutsch-französischen Jugendwerks, dessen Gründung ebenfalls auf diesen Vertrag zurückgeht, sollen Sie die folgenden Informationen zum Vertrag einer Gruppe Franzosen auf Französisch vorstellen.

- Unterzeichnung am 22.1.1963 durch Adenauer und de Gaulle
- Vertrag bekräftigt die Überzeugung, dass „die Versöhnung zwischen dem deutschen und dem französischen Volk, die eine jahrhundertealte Rivalität beendet, ein geschichtliches Ereignis darstellt, das das Verhältnis der beiden Völker zueinander von Grund auf neugestaltet"
- wichtigste Inhalte: a) ständige Konsultationen zwischen den Staats- und Regierungschefs b) Zusammenarbeit auf Ministerialebene: Verteidigung, Außenpolitik, Kultur
- Vertrag stößt auf heftige Opposition: a) von seiten der USA, die sofort gegen die militärpolitischen Klauseln des Vertrages protestierten und b) vom deutschen Parlament, das die fast gleichzeitige Ablehnung der britischen EWG-Kandidatur durch de Gaulle kritisierte
- Bundestag versieht das Ratifizierungsgesetz (*la loi de ratification*) daher mit Präambel (*le préambule*), mit der er der Zugehörigkeit der Bundesrepublik zur NATO untergeordnet wird
- erneutes Zusammenkommen von de Gaulle und Adenauer am 4./5.7.1963; Billigung der Empfehlungen der Kulturkommission: Verbesserung des Sprachunterrichts in den Gymnasien und in den Universitäten, Anerkennung von Prüfungsleistungen, Zusammenarbeit auf wissenschaftlichem Gebiet

Bildende Kunst, Musik, Literatur 18

18.1 Übersetzen Sie folgende Sätze ins Französische.

1. Diese schlanke, elegante Russin hat den Fotografen Modell gestanden.
2. Das Gemälde ist ein Stillleben.
3. Mit dem Jugendstil entstand eine neue Kunstrichtung (= künstlerische Strömung).
4. Hier sind zwei Seiten aus dem Manuskript des ersten Satzes der Sonate.
5. Der Dirigent erhob den Dirigentenstab (*la baguette*), und das Konzert begann.
6. Ihre Kinder haben das Ballett aus nächster Nähe bewundern können.
7. Das ist ein Wunderkind, ein Genie.
8. Sie hat nichts mit Trivialliteratur zu tun.
9. Sein neuester Roman ist soeben in Frankreich erschienen.
10. Ich habe ihr eine Märchenhochzeit organisiert.
11. Ein Sprichwort besagt: « Wie der Vater, so der Sohn. »
12. Hier ist ein sehr interessanter Artikel, der unseren Präsidenten porträtiert.
13. Da sie sich überrumpelt fühlt, nimmt sie sich Bedenkzeit.
14. Diese Auffassung beruht auf einem Missverständnis.
15. Am Abend der Aufführung hatten wir Lampenfieber.
16. Er ist der Inbegriff eines Romantikers.
17. Arbeiten Sie die Botschaft des Textes heraus.
18. Was bedeutet das im übertragenen Sinne?

18.2 Ergänzen Sie ein Verb aus derselben Wortfamilie.

1. un cadre ► ______________________
2. une peinture ► ______________________
3. la créativité ► ______________________
4. une sculpture ► ______________________
5. une chanson ► ______________________
6. les applaudissements *mpl* ► ______________________
7. une réflexion ► ______________________
8. une contradiction ► ______________________
9. une mise en scène ► ______________________

18.3 Ergänzen Sie das jeweilige Antonym bzw. Synonym.

1. un original ≠ ______________________________
2. une exposition permanente ≠ ______________________________
3. figuratif, figurative ≠ ______________________________
4. célèbre ≠ ______________________________
5. une mélodie = ______________________________
6. chanter en play-back ≠ ______________________________
7. le balcon ≠ ______________________________
8. un ampli *fam* = ______________________________
9. la sono *fam* = ______________________________
10. un homme/une femme de lettre = ______________________________
11. un tome = ______________________________
12. une BD = ______________________________
13. un polar *fam* = ______________________________
14. le fil de l'action = ______________________________
15. la tension = ______________________________
16. une version intégrale ≠ ______________________________
17. captivant, captivante = ______________________________
18. formuler une hypthèse = ______________________________
19. l'action secondaire ≠ ______________________________
20. l'humeur *f* = ______________________________
21. un avantage ≠ ______________________________

18.4 Welchen der folgenden Musikrichtungen wird der weibliche Artikel zugeordnet?

______________ jazz

______________ rock

______________ musique pop

______________ reggae

______________ rap

______________ techno

18.5 Ergänzen Sie wenn nötig die passende Präposition (und einen Artikel). 46 – 52

1. une statue ______________ bronze
2. une sonate ______________ piano
3. jouer ______________ mesure
4. un quatuor ______________ cordes
5. faire ______________ gammes
6. la musique ______________ chambre
7. chanter ______________ chœur
8. s'abonner ______________ qc
9. un abonnement ______________ saison
10. interpréter qc ______________ merveille
11. jouer ______________ piano ______________ virtuose
12. s'exprimer ______________ bulles
13. une maison ______________ édition
14. un roman ______________ eau de rose
15. un roman ______________ science-fiction
16. un roman ______________ policier
17. un retour ______________ arrière
18. se placer ______________ optique ______________ lecteur
19. prendre position ______________ qc
20. être riche ______________ images
21. un poème ______________ forme fixe
22. rimer ______________ qc
23. s'élever ______________ qc

18.6 **Erstellen Sie ein Wortfeld zum Thema „les instruments".**

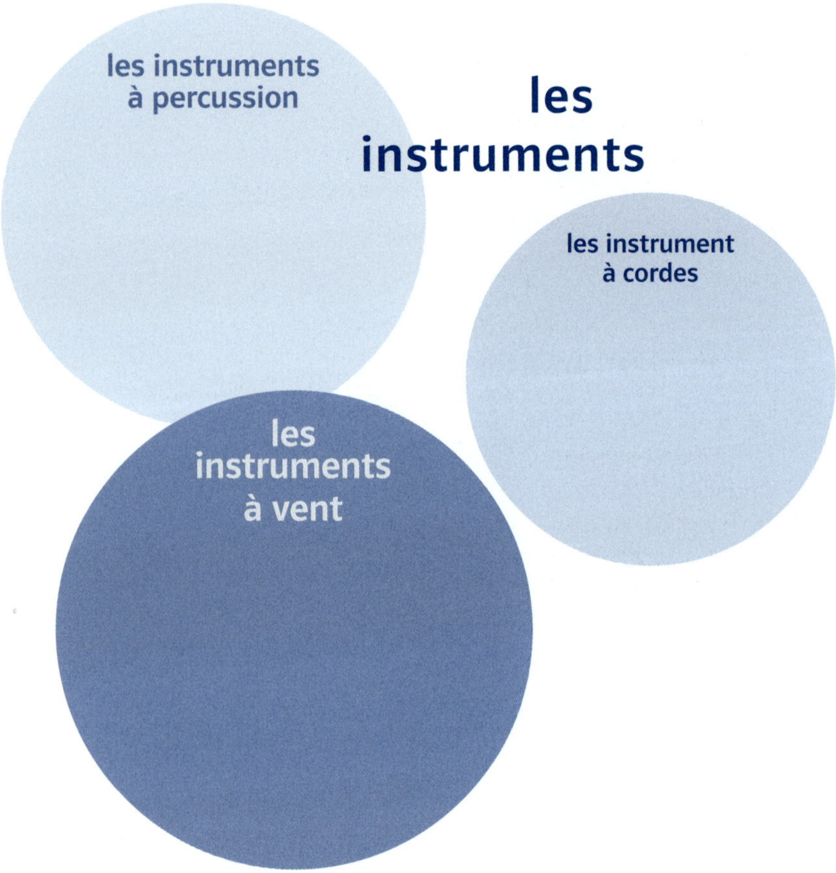

18.7 **Verfassen Sie eine Rezension zu einem Ihrer Lieblingsbücher und verwenden Sie möglichst viel „Fachvokabular".**

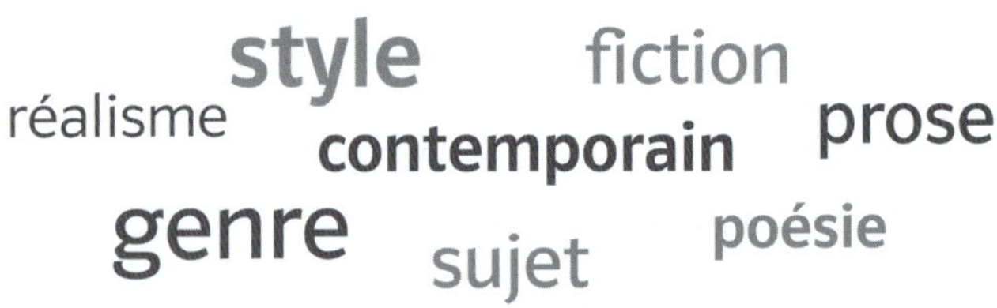

9.1.1 Übersetzen Sie folgende Sätze ins Französische.

1. Die Revolution ereignete sich im November.
2. Das ist eine Geschichte, die auf die Antike zurückgeht.
3. Er wurde in Rom durch den Papst zum Kaiser gekrönt.
4. War dein Großvater im Krieg?
5. Viele Flüchtlinge wurden gefoltert.
6. Die Verfassung erkennt die Religionsfreiheit an.
7. Meine jüngere Schwester ist ins Kloster gegangen.
8. Man macht das Kreuzzeichen zu Beginn eines Gebetes.
9. An den Privatschulen wird der Religionsunterricht nicht obligatorisch sein.
10. 80% der Inder sind Hindus.
11. Der Priester hat ihnen die Beichte abgenommen.
12. Der Bischof hat die Ostermesse gelesen.
13. Man sollte sich niemals durch den Schein täuschen lassen.
14. Was tun Sie, um sich selbst Mut zu machen?
15. Die Regierung ist auf dem Holzweg.

9.1.2 Ergänzen Sie das jeweilige Antonym bzw. Synonym.

1. au début de ≠ ______________________________
2. av. J.-C. ≠ ______________________________
3. un roi *m* ≠ ______________________________ *f*
4. la guerre ≠ ______________________________
5. le combat = ______________________________
6. une victoire ≠ ______________________________
7. la Résistance ≠ ______________________________
8. l'OFAJ *m* = ______________________________
9. l'UE *f* = ______________________________
10. la BCE = ______________________________

19.1.3 Bilden Sie aus dem Buchstabensalat Begriffe zum Thema „l'histoire". 53

1. dssiroCae = les ________________ *fpl*
2. siorpéhtier = la ________________
3. rèe = une ________________
4. mesAblutosi = l'________________ *m*
5. ooneilc = une ________________
6. lvoiutnéR = la ________________

19.1.4 Ergänzen Sie wenn nötig die passende Präposition (und einen Artikel). 53

1. régner ________________ souverain absolu
2. l'âge ________________ bronze
3. succéder ________________ qn
4. entrer ________________ la Résistance

19.1.5 Welche Begriffe zum Thema „l'histoire" werden hier definiert?

1. Régime dans lequel l'autorité politique réside dans un seul individu et est exercée par lui ou par ses délégués.	
2. Pays, État gouverné par un roi.	
3. Classe des nobles.	
4. Instrument de supplice servant à trancher la tête des condamnés à mort, par la chute d'un couperet qui glisse entre deux montants verticaux.	

.1.6 Ein Quiz. Beantworten Sie die folgenden Fragen:

1. Classez ces hommes préhistoriques du plus ancien au plus récent.
   a) Homo erectus b) Homo sapiens c) Homo habilis d) Homo sapiens sapiens

   ____

2. Quand le plus ancien d'entre eux est-il apparu sur Terre ?
   Il y a ____________ millions d'années. (2,5)

3. Qui mena la révolte contre l'envahisseur romain Jules César ?

   ____

4. Où résidaient les rois de France avant le château de Versailles ?
   a) au Panthéon b) à l'Élysée c) au château de Rambouillet
   d) au palais du Louvre

   ____

5. Citez 4 philosophes du siècle des Lumières.

   ____

6. Quel siècle marque la fin de l'Empire romain ?

   ____

7. Qui a dit « L'État, c'est moi » ?
   a) Napoléon b) François Mitterrand c) Charles de Gaulle d) Louis XIV

   ____

8. En France, en quelle année les femmes obtiennent-elles le droit de vote ?
   a) 1934 b) 1944 c) 1954 d) 1974

   ____

9. À partir du 22 juin 1940, comment s'appelait la ligne qui délimitait la France en une zone libre et une zone occupée ?

   ____

19.2 Religion, Philosophie

19.2.1 Ergänzen Sie das jeweilige Antonym bzw. Synonym.

1. le Nouveau Testament ≠ ______________________
2. prier = ______________________
3. le paradis ≠ ______________________
4. le bien ≠ ______________________
5. une cause ≠ ______________________
6. le néant ≠ ______________________

19.2.2 Bilden Sie aus dem Buchstabensalat Begriffe zum Thema „la religion". 54

1. ofi nineétcrhe = la ______________
2. drnmaaad = le ______________
3. ïlquae = ______________
4. roiaspse = une ______________
5. noitAspsmo = l'______________ *f*

19.2.3 Ergänzen Sie wenn nötig die passende Präposition (und einen Artikel). 54 – 55

1. juger qn ______________ ses actes
2. mettre qc ______________ doute
3. être contre ______________ principe
4. agir ______________ dépit ______________ bon sens
5. mourir ______________ belle mort
6. être ______________ incertitude ______________ sujet ______________ qc

VIII
Abstrakta

20 Zeit und Raum

20.1 Übersetzen Sie folgende Sätze ins Französische.

1. In 14 Tagen bin ich schon in Paris.
2. Ich bin auf der Suche nach einem alten Freund.
3. Meinen Computer lasse ich den ganzen Tag an.
4. Nicht Mittwoch, sondern Mittwoch in einer Woche.
5. Der Strom ist für mehrere Stunden ausgefallen.
6. Und da bin ich frühmorgens wach.
7. Wir müssten die Ergebnisse im Laufe des Vormittags erhalten.
8. Es wird zu schnell dunkel.
9. Meine Uhr geht drei Minuten vor.
10. Statt 365 Tagen hat ein Schaltjahr 366.
11. Ich habe den richtigen Augenblick abgewartet.
12. Damals bin ich um 3 Uhr morgens schlafen gegangen.
13. Neulich kam Hugues weinend nach Hause.
14. Ich habe ihn vor fünf Jahren kennengelernt.
15. Es gibt Tickets ab 25 Euro.
16. Ich habe bei Tagesanbruch angefangen.
17. Inzwischen habe ich die Antwort bekommen.
18. Der junge Fahrer war sofort tot.
19. Sie nahm sich Bedenkzeit.
20. Um die Maße des Fenster zu nehmen, muss man ein Maßband verwenden.

20.2 Ergänzen Sie das Adjektiv derselben Wortfamilie.

1. une saison ► ______________________
2. le printemps ► ______________________
3. l'été *m* ► ______________________
4. l'automne *m* ► ______________________
5. l'hiver *m* ► ______________________
6. le mois ► ______________________
7. l'an *m* ► ______________________
8. l'éternité *f* ► ______________________

0.3 Ergänzen Sie die fehlenden Begriffe in chronologischer Reihenfolge.

__________ – __________ – aujourd'hui – __________ – __________

__________ – __________ – ce jour-là – __________ – __________

0.4 Ergänzen Sie wenn nötig die passende Präposition (und einen Artikel). 87 – 93

1. un quart __________ heure
2. une demi __________ heure/une demie __________ heure
3. __________ 6 heures __________ matin
4. __________ fin __________ après-midi
5. le lever __________ soleil
6. voyager __________ nuit
7. regarder l'heure __________ sa montre
8. __________ fin __________ mars
9. __________ fin __________ mois __________ mars
10. deux fois __________ an
11. avoir __________ temps __________ faire qc
12. passer __________ temps __________ faire qc
13. s'orienter __________ qc
14. __________ sens inverse
15. __________ travers __________ Allemagne

20.5 Ergänzen Sie das jeweilige Antonym bzw. Synonym.

1. l'heure d'été ≠ ______
2. à 10 heures pile = ______
3. en avance ≠ ______
4. à l'heure = ______
5. quatre mois = ______
6. en même temps = ______
7. parfois = ______
8. tout à coup = ______
9. au plus tôt ≠ ______
10. actuellement = ______
11. à l'intérieur de ≠ ______
12. au-dessus de ≠ ______
13. en bas de ≠ ______
14. de près ≠ ______
15. large ≠ ______
16. le lieu = ______
17. partout ≠ ______
18. ailleurs = ______
19. en avant ≠ ______

Farben und Formen 21

21.1 Übersetzen Sie die folgenden Sätze ins Französische.

1. Sie hat ihr Haar rot gefärbt.
2. Das Mittelmeer ist manchmal türkisblau, manchmal grünlich gefärbt.
3. Dunkelblau wird wieder in Mode kommen.
4. Zeichnet ein Rechteck!
5. Es fällt ihm schwer nicht aufzufallen (*passer inaperçu*) mit seiner knallroten Mütze.
6. Die beiden Straßen, die das Gebäude umgeben, verlaufen in einem stumpfen Winkel zueinander.
7. Mit dem Alter (= wenn man altert), verformt sich der Mund.
8. Sie hat Bilder ausgemalt.
9. Auf der Südhalbkugel sind die Jahreszeiten umgekehrt.
10. Was ist die Kubikwurzel aus 81?
11. Sie trugen Turnschuhe in grellen Farben.
12. Sie ist Schauspielerin und malt nebenbei (*dans ses moments perdus*).

21.2 Setzen Sie das passende Wort ein. Probieren Sie zunächst, die Lücken ohne Hilfe der Wortvorgaben zu füllen.

blanc, blanche* • *droit, droite* • *en* • *en* • *incolore* • *tracer

1. Le vieil homme commençait à avoir des cheveux ______________.
2. L'eau est un liquide ______________.
3. C'est un objet ______________ forme de cercle.
4. Il a ______________ un arc de cercle.
5. 90 degrés : un angle ______________.
6. C'est un portrait riche ______________ couleurs.

21.3 Benennen Sie die folgenden geometrischen Formen. Fügen Sie auch das passende Adjektiv hinzu.

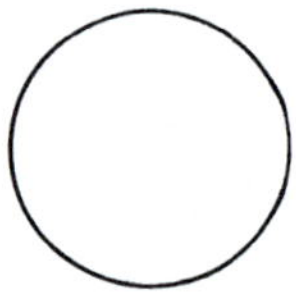

1a ____________________

1b ____________________

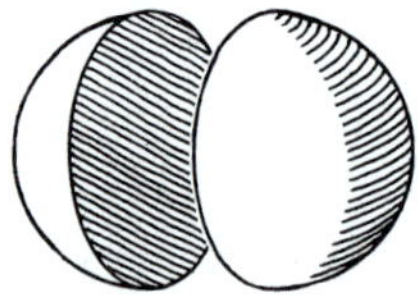

2a ____________________

2b ____________________

3a ____________________

3b ____________________

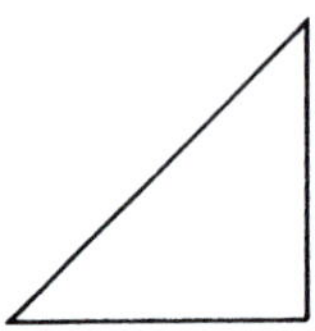

4a ____________________

4b ____________________

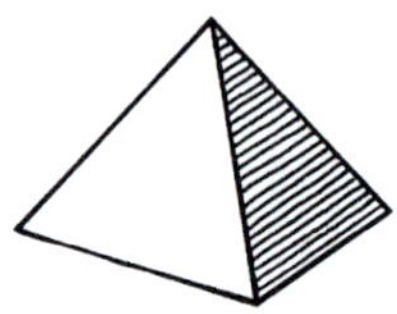

5a ____________________

5b ____________________

6a ____________________

6b ____________________

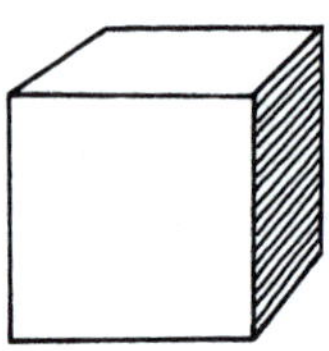

7a ____________________

7b ____________________

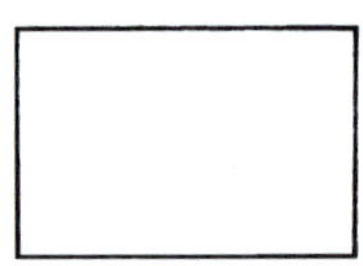

8a ____________________

8b ____________________

9a ____________________

9b ____________________

10a ____________________

10b ____________________

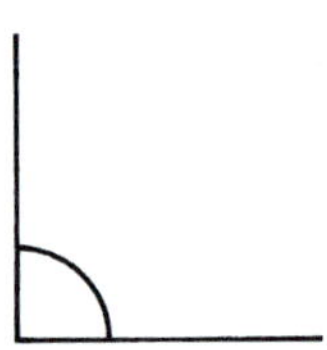

11a ____________________

11b ____________________

Mengen, Maße, Zahlen 22

22.1 Übersetzen Sie die folgenden Sätze ins Französische.

1. Am Unfallort befand sich eine kleine Gruppe Schaulustiger (*un badaud*).
2. Meistens sitzt er vor einem Café.
3. Mehr als 30 % der Franzosen haben ein Haustier.
4. Wir wünschen Ihnen viel Vergnügen.
5. Keiner dieser beiden Termine passt (*convenir*) mir.
6. Nicht alle meine Kinder leben im Ausland.
7. Für jede Bestellung über 300 Euro schenken wir Ihnen 30 Euro.
8. Einige dieser Hochhäuser sind 300 m hoch.
9. Ich kann maximal 100 Euro investieren.
10. Wir haben gar kein Geld mehr.
11. Das ist weniger als 40 Euro wert.
12. Es waren etwa tausend Zuschauer da.

22.2 Setzen Sie das passende Wort ein. Probieren Sie zunächst, die Lücken ohne Hilfe der Wortvorgaben zu füllen.

cent dix mille quatre cent cinquante-six • de • décroissant, décroissante • deux mille cent quarante-trois • deux mille cent quarante-trois • faire part • précis, précise • quatre-vingt-un • seul, seule • soustraction

1. Ce parapluie coûte le double ____________ ce que je voulais dépenser.
2. Je les ai triés par ordre ____________ : 5, 4, 3, 2, 1.
3. Je voudrais que tu sois là à 10 heures ____________ .
4. 81 : ____________
5. 2143 : ____________
6. 110 456 : ____________
7. Il aura sa ____________ du gâteau.

8. Je ne parle pas un ____________ mot de chinois.

9. Le naufrage du Titanic a ______________________ beaucoup de victimes.

10. 5-2 est une opération de ______________________ .

22.3 Ein Mathequiz.

1. Quarante dixième est-il un nombre entier ou décimal ?

____

2. Classez ces fractions de la plus petite à la plus grande:
7/3, 8/6, 5/6, 9/4

____

3. Quel est le pourcentage d'élèves qui redoublent ?
Nombre d'élèves admis en classe supérieure : 20
Nombre d'élèves réorientés : 5
Nombre d'élèves qui redoublent : 8

____

4. Un élève a terminé son interro en ¾ d'une heure.
Combien a-t-il-mis de secondes ?

____

5. La tangente à un cercle
a) coupe le cercle en passant par son centre
b) est parallèle au cercle
c) rencontre le cercle en un seul point

____

6. Factorisez l'expression suivante : (x + 1)2 – 9

____

IX
Allgemeine Begriffe und Strukturen

23 Allgemeine Begriffe und Strukturen

23.1 Übersetzen Sie die folgenden Sätze ins Französische.

1. Das Produkt tritt in den Hintergrund und man konzentriert sich auf die Marke.
2. Heutzutage geht oft Quantität vor Qualität.
3. Es gibt eine gewisse Verwandtschaft zwischen diesen beiden Autoren.
4. Die Einzelhandelspreise (*le prix au détail*) stehen in keinem Verhältnis zu den Absatzpreisen der Bauern (*les prix agricoles*).
5. Das hängt mit meiner Erziehung zusammen.
6. Das Geheimnis kann erst in mehreren Monaten aufgeklärt werden.
7. Könnten Sie direkt zum Kern der Sache kommen?
8. Wissenschaftler haben herausgefunden (= den Grund entdecken, weshalb / finden, warum), warum manche Menschen zu Depressionen neigen.
9. Der Beruf des Automechanikers hat sich in den letzten Jahren stark verändert.
10. Caracas droht damit, seine diplomatischen Beziehungen zu Washington abzubrechen (= brechen).
11. Er hat die Äpfel vom Baum geschüttelt.
12. Computer ermüden die Augen zwar, aber schädigen sie nicht.

23.2 Setzen Sie das passende Wort ein. Probieren Sie zunächst, die Lücken ohne Hilfe der Wortvorgaben zu füllen.

à* • *aggraver* • *avec* • *atteindre* • *épais, épaisse* • *établir* • *occuper* • *pour* • *retourner* • *supprimer* • *tirer* • *vague

1. Si tu veux perdre du poids, il faut ______________ la graisse sous toutes ses formes.
2. Son état de santé s'est encore ______________ ; il va probablement mourir.
3. J'ai mal dormi. J'ai passé la nuit à me ______________ dans mon lit.
4. ______________ quelle raison ?

5. C'est quelqu'un qui __________ facilement des rapports avec d'autres personnes.
6. Elle a un visage paisible qui contraste __________ son look agressif.
7. La Renault Twingo __________ la première place des ventes.
8. Un __________ brouillard s'est formé. On ne voyait plus rien.
9. Cela donne une __________ idée de la mentalité de ces gens, mais rien de plus.
10. Il a __________ le but des 42 points.
11. Il refuse de __________ les conséquences de son erreur.
12. Je l'ai déjà jeté __________ la poubelle.

23.3 Wie heißen die folgenden Satzzeichen?

.	,	:	-
1 __________	2 __________	3 __________	4 __________
?	!	;	–
5 __________	6 __________	7 __________	8 __________
ç	(...)	«...»	` ´ ^
9 __________	10 __________	11 __________	12 __________

Lösungen

Der Lösungsteil enthält eindeutige Lösungen sowie – abhängig vom Aufgabentyp - Musterlösungen, die als solche gekennzeichnet sind. Zu den Übersetzungsübungen finden Sie eindeutige Lösungen, die zum Teil Varianten enthalten. Bitte beachten Sie jedoch, dass auch abweichende Formulierungen korrekt sein können.

I Der Mensch

1 Angaben zur Person

1.1 Musterlösung

Hier ist die Lösung natürlich individuell. Folgende Informationen sollten Sie geben: Vorname • Nachname • Mädchenname (Geburtsname) • Adresse • Telefon (zu Hause, bei der Arbeit) • Fax • E-Mail • Beruf • Nationalität • Alter • Geburtsdatum • Geburtsort • Familienstand (ledig, verheiratet, getrennt - geschieden, verwitwet) • Unterschrift

1.2

1. À l'époque, les filles étaient mariées entre 10 et 15 ans.
2. En France, beaucoup de parents se séparent ou divorcent.
3. Il a été élevé de façon bilingue. / Il a grandi dans un milieu bilingue.
4. Aux Pays-Bas, il y a 400 000 consommateurs de haschisch.
5. L'Inde est à présent considérée comme un pays émergent, bien que la pauvreté y soit toujours très répandue / présente.
6. En tant que citoyen de l'Union européenne, on n'a pas besoin de passeport aux frontières.
7. C'est une Suissesse d'origine italienne.
8. Depuis qu'il est veuf, il ne se sert plus du lit conjugal.
9. Tu peux me donner tes coordonnées ?
10. On parle de discrimination lorsqu'on opère / fait une distinction entre des personnes [morales] en raison de leur situation de famille, leur nationalité ou leur sexe.

1.3

1. interdits • 2. scène • 3. de • 4. domicile • 5. au / avec le • 6. de • 7. célibataire • 8. maternelle

1.4

a) la Russie • la Lituanie • la Biélorussie • l'Ukraine • la Slovaquie • la République tchèque • l'Allemagne

b) la Hongrie • l'Autriche • l'Italie • la France • l'Espagne

c) la Grèce • la Macédoine • la Serbie • la Hongrie • la Slovaquie • l'Allemagne • le Danemark

d) les Danois, les Danoises • les Polonais, les Polonaises • les Tchèques • les Autrichiens, les Autrichiennes • les Suisses • les Français, les Françaises • les Luxembourgeois, les Luxembourgeoises • les Belges • les Néerlandais, les Néerlandaises

1.5

IRLANDE
GRANDE-BRETAGNE
PORTUGAL
ESPAGNE
MAROC
ALGÉRIE
TUNISIE
FRANCE
BELGIQUE
LUX.
PAYS-BAS
ALLEMAGNE
DANEMARK
NORVÈGE
SUÈDE
FINLANDE
ITALIE
AUTRICHE
CROATIE
BOSNIE-H.
HONGRIE
SERBIE
ALBANIE
MACÉDOINE
GRÈCE
BULGARIE
ROUMANIE
POLOGNE
REP. TCHÈQUE
LITUANIE
LETTONIE
BIÉLORUSSIE
UKRAINE
RUSSIE
TURQUIE

2 Der menschliche Körper

2.1

la vue : le regard • cligner • myope • voir
l'ouïe : la surdité • bruyant • calme
le goût : aromatique • salé
le toucher : embrasser
l'odorat : sentir • l'odeur

2.2 Musterlösung

Jede Beschreibung ist natürlich individuell. Aber Ihre Antworten sollten folgenden Mustern nahe kommen:

1. Cette jeune femme grande et mince, aux cheveux longs et noirs, prend une pose détendue. Elle porte un jean noir et moulant, un débardeur noir et des bottes à hauts talons. Comme accessoires, elle porte un foulard clair et un collier avec un gros pendentif.
2. Cette photo montre un jeune homme obèse assis sur un tabouret. Un gros bourrelet (de graisse / de chair) / son gros ventre déborde de sa ceinture. Son coude gauche repose sur sa cuisse gauche ; son menton est appuyé sur son poing. Son bras droit repose légèrement sur sa cuisse droite. Il a les cheveux courts qui commencent à s'éclaircir aux / près des tempes. Ses grandes oreilles sont décollées.
3. Cet homme hyper musclé / baraqué prend une pose de combattant. Il a les cheveux noirs et courts et le nez long et droit (le nez aquilin). Il a le torse nu et porte pour seul vêtement un short moulant et des gants de combat.
4. Cet homme d'un certain âge (la soixantaine) a le visage rond et sympathique. Il est presque chauve. Ses yeux sont cernées de rides d'expression / rides du sourire ; ses cheveux s'éclaircissent. Il regarde directement dans la caméra par-dessus ses lunettes de lecture et affiche un charmant / grand sourire.
5. Cette photo montre une jeune femme mince. Elle a les cheveux courts et blonds, une grande bouche et les yeux très / fortement maquillés. Elle porte un pull noir très échancré / au décolleté plongeant.
6. Cet homme a de l'acné / a des boutons sur le visage. Il y applique un disque de nettoyage / un pad contre l'acné / un tampon anti-acné avec son index et son majeur.

2.3

1. J'ai vu quelqu'un bouger derrière les buissons.
2. Il s'est précipité du sixième, mais il a survécu. / il n'est pas mort.
3. Il s'est élancé au secours de son camarade.
4. Baby et Dietrich ont passé dix années de liaison orageuse.
5. Elle se rase les poils sous les bras.
6. Elle aime se faire caresser la nuque.
7. Anna a accouché d'une fille en bonne santé.
8. Il y a des sous-titres pour les malentendants.
9. Nous nous sommes détendus devant la télé.
10. Il s'est baissé pour ramasser un morceau de verre cassé.
11. Elle est morte d'un cancer du poumon.
12. Les jeunes des milieux défavorisés couchent / font l'amour plus tôt.

2.4

1. tombé • 2. du, tirer • 3. par • 4. certain • 5. sur • 6. sorti • 7. porte • 8. surveillent • 9. prendre • 10. nager

2.5 Musterlösung

Le cœur est l'organe qui nous fait respirer et rester en vie. Il est situé dans la poitrine, à côté des poumons ; il fait circuler le sang : il reçoit le sang apporté par les veines et le renvoie (le fait passer) dans les artères.
Le foie est un organe situé sur le côté droit du ventre (dans l'abdomen) ; il débarrasse le sang des déchets et contribue aussi à la digestion.
Les reins sont les organes situés de part et d'autre de la colonne vertébrale ; ils filtrent le sang et produisent l'urine.
Les poumons sont les organes situés dans la poitrine, de part et d'autre du cœur ; ils servent à respirer et à apporter l'oxygène au sang.
Les intestins servent à digérer ce qu'on mange ; ils vont de l'estomac jusqu'à l'anus.
Les artères partent du cœur et servent à distribuer le sang dans toutes les parties du corps.

2.6

Bonjour, j'habite à Brest, j'ai 35 ans, plutôt jolie, souriante, calme, câline (*zärtlich, anschmiegsam*), moderne, situation stable, appartement sympa ; j'ai de nombreux loisirs : voile, rando, théâtre, concerts, expos, soirées entre amis; je recherche un jeune homme dynamique, moderne, optimiste et souriant, afin de partager sorties de qualité, culturelles et variées, loisirs divers, voyages, etc et +. Si affinités contacte-moi sur: miss35@yahoo.com pour plus d'informations.

2.7

Die Lösung ist natürlich ganz individuell.

2.8

C'est Jean-Paul Belmondo, un acteur français mondialement connu. Sur la première photo, on voit un Belmondo tout jeune et timide qui fait ses débuts dans le monde du cinéma. Il a la peau jeune, les cheveux noirs. La deuxième photo nous montre un homme mûr et plein d'assurance qui a réussi sa vie. Il a les cheveux blancs et des rides sur le visage.

3 Gesundheit und Medizin

3.1

1. Le stress amoindrit la résistance à l'infection.
2. Elle a toujours un peu de fièvre.
3. On n'attrape pas le SIDA en embrassant à moins qu'on saigne des gencives.
4. Il s'est fait opérer de la prostate.
5. Nous vaccinons tous les enfants contre la rougeole maintenant.
6. Elle ne s'était pas démis l'épaule; c'était juste un claquage.
7. On me fait des piqûres pour mon rhume des foins.
8. Toute cette graisse n'est pas bonne pour la santé.
9. Les gros fumeurs meurent du cancer.
10. Les alcooliques doivent suivre des cures de désintoxication.
11. Elle saignait de la jambe.
12. Le mal de dos coûte beaucoup de journées de travail au pays.
13. J'ai très mal au dos.
14. Quelle méthode de contraception pratiquez-vous ?

3.2

1. fait • 2. pris • 3. trempé • 4. de • 5. aux • 6. violent • 7. au • 8. sous • 9. pour • 10. rouler

3.3 Musterlösung

Soyez prudents ! Protégez-vous du SIDA !
SIDA est un acronyme qui signifie « syndrome de l'immunodéfience acquise ».
C'est une maladie mortelle qui détruit le système immunitaire à petit feu. Lorsque vous attrapez le virus du SIDA, vous n'êtes plus en mesure de lutter contre d'autres maladies. Il est donc important d'adopter des pratiques sexuelles sans danger : la meilleure façon d'éviter le SIDA est de rester avec le même partenaire sexuel plutôt que de coucher avec n'importe qui ; la promiscuité constitue une réelle menace. Si tout de même vous voulez coucher avec plusieurs partenaires, mettez toujours un préservatif. Les toxicomanes doivent éviter de réutiliser une seringue.

3.4
nom : la fatigue / *adjectif* : fatigué, fatiguée • le sang • la sueur • la rougeole • les pieds *mpl* • l'hôpital *m* • la piqûre • a bulle / les bulles • étouffer • une ampoule • un handicapé

4 Psyche, Geist und Verhalten
4.1
1. Je n'ai pas la moindre sympathie pour cette dictature.
2. Il n'aime pas qu'on tire des plans sur son avenir.
3. Le parti social-démocrate / le SPD a exigé des excuses d'Angela Merkel.
4. Les illusions ont la vie dure.
5. La solution de l'énigme n'est pas celle qui vient spontanément à l'esprit.
6. J'ai la nostalgie du temps où on écrivait encore des lettres.
7. Les punaises, les rats et les araignées sont des animaux inoffensifs qui inspirent pourtant souvent du dégoût.
8. Cet État s'est engagé à respecter les droits de l'homme.
9. On ne peut [pas] concevoir une gauche qui ne défende pas les droits culturels.
10. Mais derrière la fantaisie se cache la peur de la mort / l'inquiétude face à la mort.

4.2
1. de • 2. en • 3. donné • 4. faire • 5. en, en • 6. attentive • 7. sincères • 8. main • 9. juger • 10. courte

4.3
1. involontaire • 2. je m'ennuie de qn • 3. calme • 4. la haine • 5. penser à • 6. refuser • 7. un défaut • 8. la méchanceté

4.4
la nostalgie : éprouver • être pris de • tomber dans • garder
la peur : régner • habiter • faire • exorciser • alimenter
l'opinion : risquer • propager • confirmer • se forger
la souffrance : causer • provoquer • subir • exploiter
la honte : connaître • cacher • mourir de • exprimer

4.5 Musterlösung

Die Lösungen sind natürlich sehr individuell, aber folgendes Vokabular könnte dabei interessant sein:

- avoir du respect / de l'admiration // une profonde / immense / vive admiration pour qn
- vouer de l'adoration à qn
- admirer qn (pour son courage)
- qn (m')inspire de l'admiration / du mépris / un profond mépris
- je n'ai que mépris pour (ce qu'il a fait)
- son attitude ne mérite que le mépris
- il serait difficile de dissimuler mon aversion pour qn
- qui peut se soustraire à l'attraction exercée par (un homme si puissant / une si belle femme) ?
- je ressens une puissante attraction pour qn
- j'aime bien / j'apprécie beaucoup / particulièrement / grandement son sens de l'humour
- je n'apprécie guère / j'apprécie moyennement son look
- je le trouve odieux / intéressant / séduisant ...

4.6 Musterlösung

Die Lösungen sind natürlich sehr individuell, aber folgendes Vokabular könnte dabei interessant sein:

- sentir : je sentais une grande tristesse m'envahir
- ressentir : ce que je ressens pour lui n'est pas de l'amitié
- éprouver : j'éprouve de la jalousie / une jalousie maladive pour elle
- l'émotion : étrange / douloureuse / intense ; trembler de, être sensible à, éprouver
- être content / heureux / joyeux / ravi (+ que SUBJ / de + INF) / épanoui
- triste / chagriné (= légèrement déçu) / déçu
- la déception / le chagrin (d'amour) / la tristesse / le désespoir

II Der Alltag

5.1 Essen und Trinken, Kochen, Backen, Gerichte

5.1.1

1. Laure a mangé de bon appétit.
2. Là-bas, on ne peut pas mourir de faim.
3. Il faut arriver le matin à jeun pour la prise de sang.
4. Il nous donne l'occasion de savourer les fromages locaux.
5. Qu'est-ce que je vous sers aujourd'hui, (madame / monsieur) ?
6. Je préfère le fromage allégé.
7. Le pain idéal est donc un pain complet.
8. Marc a vidé son verre d'une seule traite.
9. J'ai cultivé des fines herbes en pot.
10. Je suis sûr(e) qu'il s'agit d'un plat cuisiné.
11. Vous mélangez tout et après, vous le faites cuire à feu doux.

5.1.2

1. boire à la bouteille • 2. boire dans un verre • 3. avaler de travers • 4. se mettre à table 5. goûter à un fromage • 6. avoir un goût de poivron • 7. un camembert au lait cru • 8. être / se mettre au régime • 9. une tranche de pain • 10. le sucre en morceaux • 11. un thé au citron • 12. des œufs à la coque / sur le plat • 13. une soupe à l'oignon 14. la purée de pommes de terre • 15. une salade de fruits • 16. une glace à la vanille • 17. un livre de cuisine • 18. mettre au four • 19. une plaque de cuisson • 20. une plaque à induction • 21. cuire au four • 22. ajouter quelque chose à quelque chose • 23. battre les œufs en neige • 24. une boîte de conserve • 25. une corbeille à pain

5.1.3

a) 1. grignoter • 2. déjeuner • 3. avaler • 4. savourer • 5. bouffer • 6. dévorer • 7. mâcher • 8. boire • 9. servir • 10. goûter • 11. assaisonner • 12. rôtir • 13. griller • 14. réchauffer 15. éplucher • 16. fouetter

b) 1. amer, amère • 2. sucré, sucrée • 3. acide • 4. cru, crue • 5. cuit, cuite • 6. mou, mol, molle • 7. tendre • 8. pur, pure • 9. épais, épaisse • 10. gras, grasse • 11. sec, sèche • 12. frais, fraîche • 13. appétissant, appétissante • 14. rafraîchissant, rafraîchissante • 15. pur, pure • 16. indigeste • 17. épicé, épicée • 18. brûlant, brûlante • 19. froid, froide • 20. tiède • 21. maigre • 22. lourd, lourde • 23. léger, légère • 24. allégé, allégée

5.1.4

les activités : mettre/débarrasser la table • mettre le couvert • poivrer • saler • assaisonner • manger
les boissons : le café • l'express • le thé • le lait • le chocolat – du sucre en morceaux • des sucrettes *fpl* • l'eau minérale/gazeuse • un jus de fruits • une limonade • un sirop • un coca • une bière blonde/brune • un vin blanc/rosé/rouge
le petit déjeuner : du pain • une baguette • des tartines *fpl* • un croissant • des petits pains • du pain grillé • le pain de mie • une brioche • des biscottes *fpl* • le beurre • la confiture • le miel • les œufs *mpl* • les céréales *fpl*
le menu : le hors-d'œuvre • l'entrée *f* • le plat principal • le plateau de fromages • le dessert

5.1.5

a5 • b7 • c1, 2, 3, 4 • d9 • e10 • f8 • g6

5.1.6 Musterlösung

Bien choisir ce qu'on met dans son assiette. Éviter une nourriture trop riche qui amène à l'obésité. Ne pas consommer trop de graisse, de viande ou de sucre. Adopter un mode d'alimentation équilibré. Favoriser les aliments riches en fibres végétales et autres composantes, tels que poisson, pain complet, fruits et légumes.

5.2 Kleidungsstücke, Einkaufen

5.2.1

1. Il a plongé tout habillé dans la rivière.
2. Elle est rentrée chez elle pour se doucher et se changer.
3. J'aime bien recoudre des boutons sur un coussin.
4. C'est une jupe toute neuve, en pure laine.
5. Elle n'avait pas mis son alliance ce matin.
6. Michel était marchand de pierres précieuses.
7. Les experts ont jugé que c'était du toc.
8. Ça arrivera bientôt dans les étalages.
9. Ce sont tous des produits que vous trouverez à l'épicerie du coin.
10. Quand j'étais jeune, je faisais souvent du lèche-vitrine avec ma sœur.
11. Sa réputation est celle d'un bon client.
12. C'est un produit parfait pour la vente par correspondance.
13. Pourquoi est-ce que tu as fait la queue ?

5.2.2

1. les fringues *fpl fam* • 2. se déshabiller • 3. enlever une chemise • 4. la taille au-dessous • 5. à l'envers • 6. mouillé, mouillée • 7. une planche à repasser • 8. moderne • 9. usé, usée • 10. sale • 11. long, longue • 12. large • 13. serré, serrée • 14. baisser • 15. rallonger • 16. un tissu léger/fin • 17. une étoffe • 18. à rayures • 19. en argent • 20. en or • 21. payer comptant

5.2.3

1. changer de pantalon • 2. aller à quelqu'un • 3. aller avec quelque chose • 4. une robe du soir • 5. une machine à coudre • 6. un col en V • 7. une chemise à manches courtes • 8. chausser du 42 • 9. des chaussures à talons plats • 10. une corde à linge • 11. un tissu de mauvaise qualité • 12. s'habiller avec goût • 13. un fer à repasser • 14. être à sa taille • 15. une veste en cuir • 16. des lunettes de soleil • 17. acheter un pull en solde • 18. aller à la boutique • 19. aller chez le boucher • 20. avoir un article en magasin • 21. commander quelque chose sur catalogue • 22. être hors de prix

5.2.4

Die Lösungen sind natürlich sehr individuell.

5.2.5

les chaussures : des chaussures *fpl* • des bottes *fpl* • des baskets *fpl* • des sandales *fpl* • des chaussons *mpl* • des pantoufles *fpl*
les sous-vêtements : un soutien-gorge • un slip • un caleçon • une culotte • un tricot de corps • un body • un collant • un bas • des chaussettes *fpl*
sur le corps : une chemise • un chemisier • un tee-shirt • un pull • un sweat • un veston • un gilet • une salopette • un bleu de travail • un costume
les accessoires : une cravate • un parapluie • un foulard
sur la tête : un chapeau • une casquette • un bonnet
pour le sport : un survêtement/un jogging • un peignoir • un maillot de bain • un (maillot) deux-pièces • un bikini • un slip de bain
pour se couvrir : un manteau • un imperméable • un blouson • une veste • une écharpe • un gant
pour dormir : un pyjama • une chemise de nuit

6 Wohnen

6.1

1. En 2003, il s'est fait construire une maison à Avignon.
2. L'entreprise a transformé la maison en supermarché.
3. Ce quartier HLM ne me dérange pas du tout.

4. Les enfants sportifs manquent d'espace pour s'entraîner.
5. Il partageait un deux-pièces avec son grand-père.
6. On vit à 5 dans un F3.
7. Dany paye 1 240 euros par mois sans les charges.
8. Yann vient d'emménager dans le Nord de la France.
9. Christian s'est installé récemment à Metz.
10. L'évier nécessite un nettoyage régulier.
11. J'ai l'impression qu'on a sonné.
12. Le sous-locataire paye moins cher que le locataire principal.
13. Isabelle a caché les bonbons / les sucreries dans un tiroir fermé à clé.
14. Au rez-de-chaussée, il y a la cuisine, la salle de bain et le salon.
15. Léo y dispose d'un bureau au troisième étage.
16. J'ai appelé l'ascenseur au 5e étage pour me rendre au rez-de-chaussée.
17. Hugues a descendu l'escalier, et puis il l'a remonté.
18. L'immeuble est équipé d'un digicode.
19. Le studio est équipé de toilettes et d'une kitchenette.
20. Les voleurs ont sorti sa voiture du garage.
21. Il y a beaucoup de produits nouveaux pour faire les vitres.
22. Mon fils voudrait changer les papiers peints de sa chambre.
23. Je mets toujours la salade au frigo.
24. Son disque dur est endommagé à cause d'une coupure de courant.
25. Albert ne connaît même pas son voisin de palier.

6.2

1. un appartement de grand standing • 2. une tour • 3. un pavillon • 4. habiter • 5. un, une concierge • 6. louer • 7. un salon • 8. les toilettes *fpl* • 9. un frigo *fam* • 10. la propreté • 11. le désordre • 12. une machine à laver

6.3

1. un canapé en cuir • 2. une armoire à glace • 3. un vase en cristal • 4. regarder par la fenêtre • 5. une construction en béton • 6. un terrain à bâtir • 7. un toit de tuiles • 8. un appartement de luxe • 9. une chambre à louer • 10. laver une chemise à la main • 11. être sous garantie

6.4

1. faire les vitres • 2. passer l'aspirateur • 3. essuyer la vaisselle • 4. faire la vaisselle 5. faire la lessive • 6. repasser le linge • 7. étendre le linge • 8. faire la cuisine • 9. donner un coup de balai • 10. faire le lit • 11. changer les draps • 12. mettre la table • 13. débarrasser la table

6.5

la salle de séjour/le salon :

- ce qu'il y a : une table, des chaises *fpl*, un fauteuil, des coussins *mpl*, des étagères *fpl*, des livres *mpl*, une lampe, un tapis, des fleurs *fpl*, un vase, ...
- ce qu'on y fait : regarder la télé, lire un livre/bouquiner, jouer à des jeux (de société), discuter, ...

la salle de bain :

- ce qu'il y a : la baignoire, le lavabo, des serviettes *fpl*, une brosse à cheveux, une brosse à dent, le dentifrice, le shampooing, un sèche-cheveux
- ce qu'on y fait : prendre une douche/se doucher, brosser les dents, brosser les cheveux, se laver les mains, se frotter les mains, s'essuyer les mains, se baigner, s'habiller, se maquiller, se démaquiller, aller aux toilettes, ...

la cuisine :

- ce qu'il y a : un four, une cuisinière (à gaz), un frigo/réfrigérateur, la vaisselle, le micro-ondes, un lave-vaisselle, des couteaux *mpl*, des fourchettes *fpl*, des cuillères *fpl*, des assiettes *fpl*, des verres *mpl*, une poubelle, ...
- faire la cuisine/cuisiner, faire la vaisselle, faire chauffer qc, éplucher des pommes de terre, faire cuire qc, manger, prendre son petit déjeuner, ...

la chambre :

- ce qu'il y a : un lit, une couette, un oreiller, un drap, une table de nuit, une armoire, une commode, un réveil, un miroir, un tableau
- ce qu'on y fait : dormir, lire, s'habiller, faire le lit, changer les draps, se glisser sous la couette

6.6

a) <u>Paris XVIII (75) Location Appartement</u>
   À louer, appartement T2 [deux-pièces] de 50 m^2 à Paris VXIII, libre le 01/11/2010, pour un loyer de 1 270 euros par mois

b) <u>Chambre à louer à Montfermeil (93)</u>
   À louer, chambre meublée de 16 m^2, libre immédiatement, loyer charges incluses 290 euros

6.7

Die Lösungen sind natürlich sehr individuell.

6.8

Die Lösungen sind natürlich sehr individuell.

7.1 Familienleben

7.1.1

1. Manon est la dernière-née d'une famille nombreuse.
2. Les Tremblay ont de la famille dans la région.
3. Elle a été élevée au sein d'une famille recomposée.
4. Yvonne serait bien allée au planning familial, mais elle ne savait pas où c'était.
5. Gilbert est un parent éloigné du président.
6. Mathieu a décidé de vivre en concubinage avec une femme de son âge.
7. Elle devrait toucher une pension alimentaire.
8. Les familles avec un seul enfant augmentent.
9. Ce jeu reste interdit aux mineurs.
10. Ses arrière-grand-parents sont des immigrants polonais.
11. Ce n'est pas son frère, mais son cousin germain.
12. Sa filleule s'appelle Monique.
13. Son gendre a trompé sa fille.
14. On associe la jeunesse à l'âge ingrat.
15. Philippe n'a été contredit par personne.

7.1.2

1. vivre en couple • 2. avoir confiance en qn • 3. ma tante par alliance • 4. le droit de garde • 5. se confier/faire confiance à qn • 6. être en plein dans l'âge ingrat • 7. faire quelque chose sans arrêt • 8. aller en boîte • 9. être critique à l'égard de qc/qn • 10. se plaindre de qc • 11. finir par mal tourner • 12. mettre qc en question

7.1.3

1. élever un enfant • 2. descendre d'une famille noble • 3. fonder une famille

7.1.4

familial, familiale • maternel, maternelle • paternel, paternelle • fraternel, fraternelle • majeur, majeure • jeune • pubertaire • parental, parentale • compréhensif, compréhensive • agressif, agressive • violent, violente

7.1.5

Die Lösungen sind natürlich sehr individuell.

7.2 Soziale Gruppen, Lebensbedingungen und Verhalten

7.2.1

1. La population active va diminuer.
2. 60% d'entre eux sont issus des couches populaires.
3. Le candidat a mis l'accent sur le fossé entre les générations.
4. Ce collège est fréquenté par des enfants issus d'un milieu aisé.
5. Elle est tombée peu à peu dans la misère.
6. Mes parents sont au chômage.
7. Il n'était pas complètement démuni.
8. Thomas a fait fortune en jouant à la Bourse.
9. La famille vit même en dessous du minimum vital.
10. Ils veulent renforcer les contrôles de l'immigration clandestine.
11. 300 sans-papiers ont manifesté devant la mairie.
12. Le projet lutte contre la fracture sociale.
13. Les habitants ont subi une dure épreuve.
14. Je me suis fait du souci.
15. Ils ont des rapports tendus depuis des années.
16. Pierre fréquente une école privée d'Avignon.
17. Je suis touché(e) par cet accueil chaleureux.
18. Il court après le bonheur.
19. Je suis poursuivi(e) par la malchance.
20. C'est donc une entreprise prospère.

7.2.2

1. le train de vie • 2. les personnes âgées • 3. une couche sociale • 4. une augmentation • 5. dépendant, dépendante • 6. la prospérité • 7. la pauvreté/la misère • 8. un, une sans-abri • 9. un exclu, une exclue • 10. fortuné, fortunée • 11. décourager qn 12. tutoyer qn • 13. aller voir qn • 14. accueillir qn • 15. quitter qn

7.2.3

1. l'impôt sur le revenu • 2. disposer de ressources illimitées • 3. s'intégrer dans la société • 4. se trouver dans une situation précaire • 5. être en conflit avec qn • 6. avoir pitié de qn • 7. faire pitié à qn • 8. se sentir solidaire de qn • 9. faire qc par amitié pour qn • 10. aider qn à faire qc • 11. être responsable de qc • 12. porter secours à qn • 13. être en contact avec qn • 14. être attiré par qn • 15. serrer la main à qn • 16. soupçonner qn de faire qc • 17. faire la bise à qn • 18. être jaloux de qn • 19. inspirer qc à qn • 20. féliciter qn pour/de qc • 21. se moquer de qn • 22. inviter qn à qc/ à faire qc • 23. s'intéresser à qc/qn • 24. se sentir concerné par un problème • 25. faire de la peine à qn • 26. contraindre qn à faire qc • 27. être privé de qc • 28. poursuivre qn en justice • 29. traiter qn comme/de qc/qn • 30. se réconcilier avec qn • 31. être à l'aise • 32. disposer de qc

7.2.4

1. aimable • 2. responsable • 3. amical, amicale • 4. libre • 5. solidaire • 6. privilégié, privilégiée • 7. social, sociale • 8. antipathique • 9. affectueux, affectueuse • 10. cordial, cordiale • 11. seul, seule • 12. fort, forte • 13. prospère

III Sprache, Medien und Kommunikation

8 Sprachliche Kommunikation

8.1

1. On ne prononce pas le *t* à la fin de *chocolat*.
2. Ce roman regorge d'expressions familières.
3. Il se vante d'avoir augmenté son influence.
4. Il s'est excusé auprès de moi.
5. Nous vous déconseillons de conserver / garder un foie gras au frigo.
6. Elle emploie souvent des gros mots et des injures.
7. Elle se plaint souvent de maux de tête.
8. Je vous serais reconnaissant de (bien vouloir) virer la somme aussitôt / dès que possible.
9. Je trouve limite qu'elle se soit déshabillée.
10. C'est un chapitre épouvantable de notre histoire commune.
11. Laisse-nous tranquilles !
12. Je vous prie de croire, Madame, Monsieur, à l'expression de mes salutations les meilleures.

8.2

1. plonge • 2. de pire en pire • 3. mettront • 4. au sujet de • 5. subi • 6. fait

9.1 Telekommunikation

9.1.1

1. un coup de fil • 2. un combiné • 3. un annuaire • 4. un numéro vert • 5. les pages jaunes *fpl*

9.1.2

1. passer un coup de fil • 2. raccrocher le téléphone • 3. composer un numéro • 4. un texto • 5. Ne coupez pas.

9.1.3
1. À quel département appartient cet indicatif ? • 2. Je te rappelle plus tard. • 3. Je me suis trompé de numéro. • 4. C'est un kit mains libres qui s'adapte à tous les téléphones. • 5. Après s'être fait harceler au téléphone, un ami s'est mis sur la liste rouge.

9.1.4
1. Vous pouvez laisser votre message après le bip sonore.
2. Il n'y a pas d'abonné au numéro que vous avez demandé.
3. Pouvez-vous me passer M. Carbonne ?
4. Restez en ligne.

9.2 Post
9.2.1
1. la boîte postale • 2. un colis • 3. le publipostage • 4. le, la destinataire • 5. un compte chèque postal

9.2.2
1. une boîte aux lettres • 2. envoyer une lettre en recommandé • 3. une lettre exprès 4. à l'attention de M. Mazies

9.2.3
écrire • recevoir • envoyer • poster • expédier • réexpédier • répondre à • affranchir

9.3 Fernsehen, Radio
9.3.1
1. Les téléspectateurs auront le dernier mot.
2. Je rends l'antenne au studio.
3. Avec ce logiciel, on arrive à décrypter les chaînes codées.
4. Je zappe les chaînes où les gens s'embrassent.
5. Comment calcule-t-on l'audimat ?
6. J'avais mis mon radioréveil à 7 h 50.
7. Il regarde toujours le journal télévisé pour se tenir au courant.

9.3.2
1. la télévision par câble • 2. une chaîne publique • 3. diffuser qc • 4. la météorologie • 5. la publicité • 6. accorder une interview • 7. retransmettre qc en différé • 8. un présentateur, une présentatrice

9.4 Bild- und Tonträger, Presse und Bücher

9.4.1

1. prendre qn en photo • 2. une carte mémoire • 3. un appareil reflex • 4. la presse du cœur • 5. la presse à sensation • 6. la mise en page • 7. une rédactrice en chef • 8. paraître en exclusivité

9.4.2

1. en noir et blanc • 2. un tirage • 3. brillant, brillante • 4. flou, floue • 5. un lecteur de DVD • 6. un casque • 7. un hebdomadaire • 8. une manchette • 9. une enquête • 10. divertissant, divertissante • 11. de bonne source • 12. l'avant-propos *m*

9.4.3

1. C'est un magazine à grand tirage.
2. Il y a un supplément week-end dedans.
3. Vous pouvez vous exprimer dans le cadre du courrier des lecteurs.
4. Vous aurez les dernières nouvelles de mon blog.
5. J'ai passé une annonce pour vendre ma voiture.
6. La liberté de la presse n'y existe pas.

9.5 Multimedia, Computer, Internet

9.5.1

1. introduire un CD dans le lecteur • 2. le réseau sans fil • 3. charger un programme • 4. traiter des données • 5. un économiseur d'écran • 6. double-cliquer sur l'icône • 7. mettre à jour • 8. un logiciel gratuit

9.5.2

1. un ordinateur • 2. éteindre le PC • 3. arrêter le portable • 4. le logiciel • 5. le langage informatique • 6. un écran 7. une imprimante à jet d'encre 8. se bloquer 9. mémoriser • 10. effacer • 11. un jeu vidéo • 12. un, une cybernaute • 13. hors ligne • 14. une pièce jointe • 15. le bavardage

9.5.3

le matériel : un ordinateur, un PC, un micro-ordinateur, un portable, une puce, une mémoire, le disque dur, un cédérom (CD-ROM), une clé USB, un router, une carte mémoire, une carte graphique, un moniteur, un écran, un clavier, une souris, un tapis (de) souris, une imprimante, un scanneur/scanner, une manette de jeu, le modem, …

les logiciels : un système d'exploitation • un tableur • un grapheur • un programme • un économiseur d'écran • un fichier • des données *fpl* • un jeu électronique • un jeu vidéo • la corbeille • l'Internet • le réseau sans fil • un serveur • un logiciel gratuit • un pare-feu • un virus • un (logiciel) anti-virus • …
les actions : démarrer le PC/portable • arrêter le PC/portable • charger un programme • installer qc • traiter des données • faire glisser le curseur • cliquer/double-cliquer sur qc • scanner qc • imprimer qc • valider qc • entrer des données dans l'ordinateur • consulter des données • saisir des données • transférer des données • formater • mémoriser • mettre à jour • naviguer sur Internet • surfer sur Internet • ouvrir la session • clore la session • être connecté/déconnecté • travailler en ligne • accéder à Internet • s'installer un site sur Internet • télécharger qc • envoyer un e-mail • chatter • commercer sur Internet • …

9.5.4

1. un disque dur • 2. la capacité de mémoire • 3. une clé USB • 4. une carte son • 5. un tableur • 6. un clavier • 7. une touche • 8. un tapis de souris • 9. un fichier • 10. un ver informatique • 11. un moteur de recherche • 12. un pare-feu • 13. le piratage

9.5.5

mort de rire • pété de rire • âge, sexe, ville • quoi • pourquoi • un non très ferme • opérateur • rebonjour • message privé • sourire • sceptique • aimer • à plus (tard) • à lundi • concert • éclater de rire • d'ac(cord) • fou • intéressé • j'ai la haine • lui • laisser • maximum • musique • problème • salut, ça va ? • t'es (= tu es) le plus beau • tu habites où ?

IV Bildung, Arbeitswelt und Wirtschaft

10 Lernen, Bildung, Wissenschaft

10.1

1. Nous allons développer la formation continue pour adultes.
2. Dans les sociétés tribales, les anciens exercent leur autorité sur la communauté.
3. Il est prêt à se plier à la décision de son père.
4. *Une part du ciel* est un film exigeant.
5. Avant la rentrée, les parents doivent acheter les fournitures scolaires.
6. Ses notes ne sont pas suffisantes pour passer à la classe supérieure.
7. Il a réussi son examen d'entrée à l'université.
8. Ce prof ne note pas très sévèrement.
9. Il a / trouve toujours le mot juste.
10. Vous l'avez calculé mentalement ?

10.2

Aula = c'est une espèce de salle des fêtes (une salle où ont lieu des fêtes).
un cahier de classe = ein Heft, in das alle Eintragungen, die eine Klasse betreffen, vorgenommen werden: Fehlende, Noten, Lehrstoff, Hausaufgaben.
Klassenarbeitsheft = en Allemagne, les devoirs surveillés sont en général écrits dans des cahiers prévus à cet effet (en France, on utilise des feuilles volantes).
un surveillant = die Pausenaufsicht obliegt in Frankreich nicht den Lehrern, sondern den « surveillants ».
une infirmerie = fast alle Schulen in Frankreich haben ein Krankenzimmer, in dem eine Krankenschwester Bereitschaft führt.
bewegliche Ferientage = des jours de congé dits « mobiles » dont chaque établissement scolaire peut disposer comme il le souhaite.
un conseiller d'éducation = der Erziehungsberater, der sich um das Schulleben außerhalb der Unterrichtsstunden kümmert (z. B. Disziplinprobleme, Schulschwänzen).
sehr gut (Note) = en Allemagne, la meilleure note chiffrée est le 1, qui correspond au 20 en France.

10.3

1. au • 2. trace • 3. au • 4. par • 5. fondamentales • 6. apporté • 7. donné • 8. en

10.4

1. la langue familière • 2. échouer • 3. rater • 4. ignorer • 5. être faible en maths • 6. un principal, une principale (au collège) • 7. faux, fausse • 8. une soustraction

10.5

(*Alles ohne Artikel*) 1. physique • 2. médecine • 3. biologie • 4. histoire • 5. linguistique • 6. philosophie • 7. mathématique • 8. psychologie

10.6

Die Lösungen sind natürlich sehr individuell.

11 Berufs- und Arbeitswelt

11.1

1. Elle a fait son apprentissage de couturière chez sa mère.
2. Le taux de chômage atteint 21% de la population active immigrée.
3. Laurent s'est installé à son compte dans la banlieue de Paris.
4. Il faut d'abord faire un stage en entreprise.
5. C'est un journaliste expérimenté.

6. C'est à eux de se recycler.
7. Leur siège social se trouve dans l'Union européenne.
8. Elle serait la première femme à occuper ce poste.
9. Il a renoncé à sa promotion.
10. Sa femme tenait un petit commerce.
11. Près de 7 000 chômeurs se sont inscrits à l'ANPE en mai.
12. Juliette travaille à mi-temps.
13. Beaucoup d'entre eux travaillent à domicile.
14. Selon la presse, il y aurait plusieurs millions de travailleurs immigrés illégaux en Europe.
15. Le gouvernement allemand a intensifié la lutte contre le travail au noir.
16. Le niveau de vie a changé.
17. Son oncle est toujours en intérim.
18. L'horaire à la carte est devenu un thème d'actualité.
19. Daniel a fait le pont du 13 juillet.
20. Albert, 62 ans, vient de partir à la retraite.
21. Il a touché une indemnité de licenciement.
22. Le pouvoir d'achat baisse-t-il ?
23. Les charges annexes s'accroissent / augmentent de 46%.
24. En 2007, son entreprise a quasiment fait faillite.
25. Un accord sur les salaires a été signé.

11.2

1. un, une comptable • 2. un, une secrétaire • 3. un ouvrier, une ouvrière • 4. un contremaître, une contremaîtresse • 5. un, une manœuvre • 6. un agent de police / un policier • 7. un facteur, une factrice • 8. un, une professeur • 9. un représentant, une représentante • 10. un commerçant, une commerçante • 11. un marchand, une marchande • 12. un infirmier, une infirmière • 13. un acteur, une actrice • 14. un opticien, une opticienne • 15. un, une libraire • 16. un cuisinier, une cuisinière • 17. un couvreur, une couvreuse • 18. un serveur, une serveuse • 19. un, une généraliste • 20. un jardinier, une jardinière • 21. un avocat, une avocate • 22. un marin

11.3

1. être au chômage • 2. un boulot *fam* • 3. le salaire • 4. l'importation *f* • 5. embaucher qn • 6. travailler à temps complet 7. un jour ouvrable 8. supprimer des emplois

11.4

1. une heure supplémentaire • 2. un contrat à durée déterminée • 3. un contrat à durée indéterminée • 4. l'Agence nationale pour l'emploi • 5. un instituteur, une institutrice • 6. un, une kinésithérapeute • 7. un président-directeur général • 8. la réduction du temps de travail • 9. une manifestation

11.5

1. une salle de réunion • 2. une fiche • 3. un agenda • 4. un bloc-notes • 5. un en-tête 6. l'encre *f* • 7. la colle • 8. une agrafeuse • 9. une photocopieuse • 10. un crayon

11.6

Die Lösungen sind natürlich sehr individuell.

12 Wirtschaft und Geschäftsleben

12.1

1. pour • 2. plein • 3. installé • 4. écouler • 5. passer • 6. rempli • 7. résilier • 8. faire/ rédiger • 9. accorde • 10. fait • 11. grosse

12.2

Die Tageszeitung *Aujourd'hui en France* hat die Preise von circa dreißig Gütern des täglichen Bedarfs / Gebrauchsartikeln ermittelt / aufgelistet und mit denen / mit dem Preisniveau von 2001 – unmittelbar vor dem Übergang zum Euro – verglichen. Ergebnis: In fast allen Fällen stellt man fest, dass die Preise stark – manchmal sogar übermäßig stark angezogen sind / haben, obgleich die amtlichen Statistiken den Eindruck vermitteln, dass die Inflation sich in Grenzen hält.
Eine merkwürdige Diskrepanz. Obwohl die amtlichen Statistiken einen Preisanstieg von insgesamt circa 10% seit der Einführung des Euro im Januar 2002 zeigen, haben die Haushalte das unangenehme Gefühl, sich vor lauter Preisänderungen nicht mehr zurechtzufinden. Zugleich drängt sich der Eindruck auf, dass der Verlust ihrer Anhaltspunkte mit einem Rückgang ihrer Kaufkraft einhergeht. Vor dem Hintergrund der Wahlkampagne erlangt diese Frage eine zentrale Bedeutung. Um hier Klarheit zu schaffen, hat unsere Zeitung die Preisentwicklung der gängigsten Produkte seit 2001 verfolgt. Die Produkte reichen von Kaffee über U-Bahn-Fahrkarten bis zum Baguette.
Hauptergebnis der Untersuchung ist die Erkenntnis, dass die Preise mehrerer Basisprodukte regelrecht explodiert sind. Gewiss, man kann einwenden, dass die Rohstoffkosten in die Höhe geschnellt sind, oder dass in bestimmten Wirtschaftssektoren – zum Beispiel im Gesundheitswesen – unverzichtbare / zwingend notwendige Lohnangleichungen stattgefunden haben. Doch Tatsache bleibt, die kleineren / kleinen täglichen Ausgaben haben sich in einigen Fällen verdoppelt… Daher rührt wohl die Diskrepanz zwischen den tatsächlichen Ausgaben der Käufer und den amtlichen Statistiken. „Einen Rechner kauft man einmal alle fünf Jahre. Kaffee und Baguettes kauft man aber jeden Tag", sagt Sylvain Broyez, Volkswirt bei IXIS CIB.

a) Cet extrait porte sur la poussée inflationniste / la poussée d'inflation créée / provoquée par / les effets inflationnistes provoqués par l'introduction de la monnaie unique.
b) Beaucoup de Français regrettent la disparition du franc parce que l'instauration de la monnaie unique a entraîné une forte hausse des prix.
c) Ce décalage s'explique par le fait que les statisticiens officiels n'ont pas tenu compte des prix des produits de la vie courante.

12.3

1. une assurance • 2. un bénéfice • 3. un cadre • 4. une caisse • 5. une banque • 6. le chômage • 7. la consommation • 8. les intérêts *mpl* • 9. la bourse • 10. un magasin • 11. une monnaie • 12. la balance (commerciale)

12.4

Die Lösungen sind natürlich sehr individuell.

12.5

1. Depuis les années soixante, le monde de l'entreprise a complètement changé / s'est complètement transformé.
2. Peu après son entrée en fonctions / au gouvernement, le ministre français des Finances a annoncé une augmentation du SMIC.
3. Dans certaines / quelques entreprises, les ouvriers spécialisés se plaignent de ne plus avoir voix au chapitre.
4. En Europe occidentale / de l'Ouest, beaucoup d'entreprises textiles / sociétés textiles / sociétés de textile ont déposé leur bilan. La faute en revient à la mondialisation de l'économie.
5. Nombre de PME ne sont plus en mesure de / à même de faire face à la concurrence exacerbée.
6. Ces entreprises agricoles pratiquent surtout la culture des céréales, du colza, des betteraves, des olives et des agrumes.
7. Les réserves de ce gisement sont si importantes que trois oléoducs ne seraient pas de trop.
8. Il avait une maison de gros à son nom qui réalisait un chiffre d'affaires de 4 millions d'euros.
9. L'éleveur a été indemnisé pour la perte de sa bête.
10. Au collège, les frais ne sont plus couverts qu'aux deux tiers.

V Freizeit

13 Freizeit, Unterhaltung, Sport und Spiel

13.1

1. Pour se distraire, il décide de partir en voyage.
2. Je peux bouquiner pendant mon trajet.
3. Je me suis approché(e) sans bruit parce qu'il était plongé dans sa lecture.
4. Mon enfant souhaite jouer à un jeu vidéo en ligne.
5. Il m'arrive de travailler avec un appareil numérique.
6. Je ne sais toujours pas comment (faire pour) graver un DVD.
7. Emma aimait bien jardiner.
8. Pourquoi ne commencez-vous pas à cultiver quelques légumes entre vos fleurs ?
9. Anna est sortie vainqueur de cette épreuve.
10. Les spécialistes de la lutte anti-dopage estiment que cette hormone est de plus en plus fréquemment utilisée.
11. Elle était parfaitement consciente des risques qu'elle prenait en décidant d'aller skier hors-piste.

13.2

1. se promener • 2. une promenade • 3. se détendre • 4. faire du tricot • 5. le perdant, la perdante • 6. le vainqueur • 7. une victoire • 8. le hand-ball • 9. un professionnel, une professionnelle • 10. un vélo tout terrain • 11. le dopage • 12. le footing • 13. une vedette • 14. un échec

13.3

1. faire une promenade à vélo (en vélo *fam*) • 2. un peintre du dimanche • 3. un jardin potager • 4. une carte mémoire • 5. la colle à bois • 6. faire de la peinture • 7. un pêcheur à la ligne • 8. prendre qn en photo • 9. faire une partie de pétanque 10. perdre contre qn • 11. vaincre son adversaire • 12. faire du cyclisme en amateurs 13. mener par 4 jeux à 2 • 14. le saut en longueur • 15. le saut à la perche • 16. nager en piscine • 17. nager dans la mer • 18. se déguiser en pirate

13.4 a)

1. une raquette • 2. un filet • 3. une manche • 4. le crawl • 5. une régate • 6. ramer • 7. l'escrime *f* • 8. le culturisme • 9. l'équitation *f* • 10. la lutte

13.4 b)

1. le réveillon • 2. une fête foraine • 3. le baptême • 4. les noces *fpl* • 5. un invité • 6. un gâteau • 7. une ambiance • 8. le déguisement • 9. un banquet • 10. une cérémonie

13.5

les personnes : un sportif, une sportive • un entraîneur, une entraineuse • un, une adversaire • un, une arbitre • un supporter, une supportrice • un gagnant, une gagnante • le perdant, la perdante • un champion, une championne • un participant, une participante • un favori, une favorite • un amateur, une amatrice • un professionnel, une professionnelle
les lieux : un stade • un gymnase • un terrain de sport • un club (de football/de volleyball etc.)
les récompenses : un record • une coupe • une médaille (d'or/d'argent/de bronze)
les activités : être en forme • transpirer • siffler • franchir la ligne d'arrivée • vaincre qn • battre qn • gagner contre qn • remporter une victoire • perdre contre qn • faire match nul • prendre sa revanche • lancer un défi à qn

13.6 Musterlösung

nützliche Wendungen/Begriffe: une pièce de théâtre • monter une pièce • mettre en scène • la mise en scène • le metteur en scène • le décor • la première • débuter • un spectacle • le public • le spectateur • la spectatrice • l'auditoire • un acte • une pièce en trois actes • l'action se déroule… • une vedette • un rôle • un figurant • une figurante • jouer • interpréter • avoir le trac • un drame • une comédie • une tragédie • afficher complet • obtenir un succès fou • applaudir • les applaudissements *mpl* • un échec total • siffler • huer • le suspense • un film policier/de science-fiction/d'aventures • un dessin animé • un film en noir et blanc • un acteur • une actrice • un réalisateur • une réalisatrice • un cascadeur • une cascadeuse • les effets spéciaux • voir le héros en gros plan

13.7

Recherchieren Sie im Internet und machen Sie sich Notizen.

14 Reisen und Tourismus

14.1

1. Certains avaient le mal de mer et devaient rester à l'intérieur du bateau.
2. Le chien a été sauvé de la voiture en plein soleil.
3. Au lieu de passer la douane, ils ont fait un détour par la montagne.
4. Pourquoi prendre l'avion pour un pays lointain ?
5. La mer Baltique est une des mers les plus polluées au monde.
6. Je propose à une jeune fille une chambre tout confort.
7. Les médicaments sont hors de prix.
8. Ce prix peut être un prix unitaire ou un prix forfaitaire.
9. Il vaut mieux monter la tente avant la tombée de la nuit.

10. Cette pratique a évolué en une coutume locale.
11. Elle s'est préparée à prendre les commandes.
12. Ce menu comprend un plat (de résistance) et un dessert au choix.
13. La Bourgogne est renommée pour son patrimoine historique.
14. C'est un grand cru élégant.
15. Le tarif des consommations est raisonnable.
16. Les châteaux forts servaient de refuge.
17. Les remparts étaient beaucoup plus bas qu'aujourd'hui.
18. Le château est aujourd'hui un écomusée.

14.2

1. un vacancier • 2. le congé • 3. un séjour • 4. le pourboire • 5. pittoresque

14.3

1. partir en voyage • 2. un office de/du tourisme • 3. partir pour la France • 4. arriver à destination • 5. voyager en train • 6. attendre la correspondance pour Paris • 7. voyager en seconde classe • 8. partir avec une heure de retard • 9. faire escale • 10. une autoroute à péage • 11. naviguer à bord d'un voilier • 12. une vue sur la mer • 13. partir à l'aventure • 14. chambre à louer • 15. un restaurant • 3 étoiles • 16. donner sur la rue • 17. être compris dans le prix de la chambre • 18. partir en colo • 19. un tour de la ville • 20. la carte des vins 21. une église en ruine

14.4

1. un tour • 2. s'informer sur qc • 3. un tour opérateur • 4. défaire sa valise • 5. l'arrivée *f* • 6. un train à grande vitesse • 7. un aller simple • 8. manquer un train • 9. la grande randonnée • 10. un bac • 11. décoller • 12. le décollage • 13. bruyant, bruyante • 14. périmé, périmée • 15. une excursion • 16. prendre une douche • 17. complet, complète • 18. une colonie de vacances • 19. un libre-service • 20. un, une chef • 21. la carte • 22. le plat de résistance

14.5

Die Lösungen sind natürlich sehr individuell.

VI Umwelt und Verkehr

15 Verkehr

15.1

1. Sur les îles, on circule à vélo.
2. Il ne s'est pas arrêté au feu.
3. En Australie, on roule à gauche.
4. Je roule très souvent en pleins phares.
5. Aux heures de pointe, le métro est toujours plein / bondé.
6. Demain je dois emmener la voiture au garage.
7. On lui a retiré le permis (de conduire) pour conduite en état d'ivresse.
8. On vous demande de payer vos PV.
9. L'avion / L'appareil vole vers sa cible à la vitesse d'environ 880 km/h.
10. Un hélicoptère se pose / atterrit sur la plage.

15.2

1. souterrain • 2. excès • 3. contre • 4. monter • 5. respecté • 6. par • 7. en provenance de/à destination de • 8. rater • 9. charger • 10. engagée

15.3

Circulation à sens unique • les limites / la limitation de vitesse en France • Arrêt d'autobus • Sortie d'autoroute • Halte, péage, prendre un ticket • Halte, péage, payer

15.4

- Peut-être que la batterie ne fonctionne plus ?
- De toute façon, tu feras bien de te garer à droite, de poser le triangle de présignalisation (Warndreieck) et d'aller à la borne d'appel (Notrufsäule) derrière la glissière de sécurité (Schutzplanke) pour contacter un dépanneur.
- D'accord. Entre temps, tu pourrais étudier la notice d'entretien (Betriebseinleitung).
- Penses-tu, je suis nul en mécanique (ich bin technisch nicht begabt).

15.5

	comprend...	**bon pour...**	**inconvénients**
transport routier	• voitures particulières, poids lourds, motos, bus, cars	• courtes distances • transport de marchandises • transport de porte à porte	• lent • dangereux • gaz d'échappement • bouchons et embouteillages
transport ferroviaire	• train de voyageurs • train de marchandises	• voyages à moyenne distance • marchandises lourdes et encombrantes • de ville à ville	• cher • villages moins bien desservis
transport maritime	• paquebots • bacs • ferry-boats • aéroglisseurs • cargos • pétroliers	• parties de plaisir • marchandises lourdes et encombrantes • voyages à longue distance	• lent • nombre limité de destinations
transport aérien	• jets • avions légers • hélicoptères	• passagers • marchandises légères • voyages à longue distance (vols long courrier)	• bruit des aéroports • fortes émissions en CO^2 • cher

16 Natur, Umwelt, Ökologie

16.1

Den Berechnungen der Europäischen Kommission / der EU-Kommission zufolge erzeugt ein Hin- und Rückflug zweier Personen zwischen Paris und New York mehr Kohlendioxid / CO^2 als ein Auto im Laufe eines Jahres. Deshalb möchte Brüssel die Fluggesellschaften / Fluglinien an dem Kampf gegen den Treibhauseffekt beteiligen. Das würde heißen, dass man die CO^2-Emissionsquoten, die am 1. Januar dem Industriesektor zugewiesen wurden und die 11.500 große Energieverbraucher betreffen, auf den Lufttransport / Flugtransport anwenden würde. Man hat eine Emissionsbörse eingerichtet, damit Unternehmen, die ihre Verschmutzungsrechte nicht voll nutzen, diese Rechte an Gesellschaften verkaufen können, denen es nicht gelingt, ihr Minderungsziel für Treibhausgase einzuhalten. Einstweilen / vorläufig / vorerst / für den Augenblick ist das Transportwesen / das Transportgewerbe nicht betroffen. Zwischen 1990 und 2003 sind die durch internationale Flüge verursachten Treibhausgasemissionen innerhalb der EU um 73 % gestiegen. Wenn man nichts dagegen unternimmt, könnte die Steigerungsrate bis zum Jahre 2012 sogar 150 % erreichen.

1. Ce texte traite de la lutte contre la pollution causée par l'augmentation / l'explosion du trafic aérien.
2. La décision prise par la Commission s'explique par une forte augmentation des émissions de gaz à effet de serre de l'UE provenant des vols internationaux.
3. Il est indispensable de limiter ces émissions afin de diminuer les risques de réchauffement climatique / du climat.

16.2

1. Les Verts firent remarquer que l'énergie éolienne offre / présente / a des avantages considérables.
2. Les écologistes s'accordent à dire que les pays industrialisés / industriels doivent remplacer les combustibles fossiles par les biocarburants.
3. De nombreuses rivières / De nombreux fleuves sont totalement pollué(e)s par des pesticides.
4. Il n'est même pas 8 heures, mais le soleil tape déjà.
5. L'alpiniste a été déséquilibré par une violente rafale / une rafale violente.
6. Dans cette région, les maisons ont souvent des toits en ardoise.
7. Je fais remplir ma cuve à mazout quand le prix du pétrole est au plus bas.
8. Je laisse la mauvaise herbe pousser.
9. Dany a ramassé les feuilles mortes avec un râteau.
10. Le jardin était entouré de chênes, de bouleaux, d'ormes et de peupliers.
11. Lui offrir ce livre, ce serait donner de la confiture aux cochons.
12. L'entreprise est spécialisée dans le tri des ordures ménagères.

16.3

1. sans • 2. porter • 3. encombrants • 4. éliminer • 5. en • 6. grossi • 7. passe • 8. s'étend • 9. entré • 10. en

16.4

1. Le Liban est l'un des pays les plus riches en biodiversité sur une surface relativement limitée.
2. L'absence de l'État et les guerres coûtent très cher en matière de protection de l'environnement. Des pans entiers de forêts antiques sont partis en fumée ; le littoral est de plus en plus bétonné ; la mer est de plus en plus polluée ; il n'y a pas de stations d'épuration ni de gestion des poubelles.
3. L'objectif du guide est de « recadrer » l'écotourisme et de donner aux étrangers une nouvelle façon de visiter le pays tout en respectant l'environnement.

16.5

1. a) l'Italie • b) la Suisse • c) l'Espagne, Andorre • d) l'Espagne • e) l'Allemagne, la Suisse • f) le Brésil
2. a-f • b-d • c-e • d-g
3. Dijon
4. le Puy-de-Dôme
5. b) • d) et e)
6. d)
7. a) • b) • f)

16.6

À peine avons-nous décollés de l'aéroport de Lille que nous apercevons un paysage plutôt triste marqué par le patrimoine industriel de cette région : houillères désaffectées, terrils, hauts fourneaux. Plus loin, nous survolons les vastes plateaux de la Picardie avec ses innombrables champs, dont les anciens champs de bataille de la Grande Guerre, Amiens et les grandes forêts de l'Oise où les rois aimaient chasser. Puis, on voit la capitale d'en haut : ses monuments, ses boulevards, la tour Eiffel et le quartier de la défense avec ses hautes tours. Notre avion se dirige maintenant vers Clermont-Ferrand en Auvergne, où l'on peut observer un paysage lunaire constellé d'anciens volcans aux cratères spectaculaires. Après avoir traversé le Rhône, nous arrivons en Provence. Nous survolons des vallées fertiles et d'énormes champs de lavande. En nous approchant de notre destination, nous sommes captivés par la beauté des Préalpes et par les eaux limpides de la Grande Bleue.

VII Politik, Kunst und Kultur

17 Staat, Recht, Politik

17.1

1. La prise du pouvoir par les Talibans en Afghanistan a été largement orchestrée par les services secrets pakistanais.
2. Ils disposent de la majorité absolue à l'Assemblée (nationale).
3. Dans un discours télévisé de presque quatre heures, le président s'est adressé à la nation.
4. Le projet de loi rejeté mercredi n'aurait pas réduit le nombre de fumeurs.
5. Il s'est fait établir un certificat de mariage au bureau de l'état civil.
6. On impose les contribuables en fonction de leurs revenus.
7. Il a été adhérent / membre des Verts jusqu'en 2002.
8. Il sera entendu comme témoin à charge.
9. Bill Clinton a affirmé sous serment qu'il n'avait pas eu de relations sexuelles avec Monica Lewinsky.
10. Les fraudeurs ont été renvoyés dans leur pays d'origine par le premier vol de retour.

17.2

1. de • 2. en • 3. procédé • 4. flagrant • 5. portent • 6. abandonné • 7. obtenu • 8. ministériel
9. exercer • 10. occupe • 11. faire - auprès • 12. condition • 13. assurer/prendre • 14. en

17.3

les partis politiques : le PS • le PC • l'UMP • le MoDem • les Verts • le FN
le découpage administratif français : une commune • un département • une région • la Métropole • la France métropolitaine • les D.O.M.-R.O.M. • un territoire
les personnes politiques : le Chancelier (allemand), la Chancelière (allemande) • le président de la République • le Premier ministre, un Ministre-président • un chef d'État • le, la ministre des Affaires étrangères • le, la ministre de l'Intérieur • le, la ministre des Finances • le, la ministre de l'Éducation nationale • le, la garde des Sceaux • un, une secrétaire d'État • un député, une députée • un sénateur, une sénatrice
les institutions : le parlement, l'Assemblée nationale, le Sénat

17.4

- signature du traité franco-allemand le 22 janvier 1963 par Adenauer et de Gaulle
- Le traité (ré)affirme la conviction que la réconciliation du peuple allemand et du peuple français, mettant fin à une rivalité séculaire, constitue un événement historique qui transforme profondément les relations entre les deux peuples.

- les contenus essentiels : a) consultations permanentes entre les chefs d'État et de gouvernement b) collaboration / coopération au niveau ministériel : Défense, Affaires Étrangères, Culture
- Le traité a suscité une vive opposition : a) de la part des États-Unis qui ont protesté aussitôt contre les clauses politico-militaires du traité et b) de la part du Parlement allemand, qui a critiqué le rejet par de Gaulle de la candidature de la Grande-Bretagne à la CEE
- Le Bundestag a doté la loi de ratification du traité d'un préambule / a ajouté un préambule à la loi par lequel il faisait dépendre ce traité de l'appartenance de l'Allemagne fédérale à l'OTAN
- Les 4 et 5 juillet 1963, de Gaulle et Adenauer se sont de nouveau rencontrés à Bonn ; ils ont approuvé les recommandations de la commission franco-allemande : amélioration de l'enseignement des langues dans les lycées et dans les universités, reconnaissance des résultats aux examens, coopération dans le domaine scientifique.

18 Bildende Kunst, Musik, Literatur

18.1

1. Cette Russe mince et élégante a posé pour les photographes.
2. Le tableau est une nature morte.
3. L'art nouveau marque la naissance d'un nouveau courant artistique.
4. Voilà deux pages du manuscrit du premier mouvement de la sonate.
5. Le chef d'orchestre a levé sa baguette, et le concert a commencé.
6. Leurs enfants étaient aux premières loges pour admirer le ballet.
7. C'est un enfant prodige, un génie.
8. Elle n'a rien à voir avec la littérature de gare.
9. Son dernier roman vient de paraître en France.
10. Je lui ai organisé un mariage de conte de fées.
11. Un proverbe dit « Tel père, tel fils. »
12. Voici un article très intéressant qui dresse un portrait de notre président.
13. Prise au dépourvu, elle s'accorde un temps de réflexion.
14. Cette conception repose sur un malentendu.
15. Le jour du spectacle, on avait le trac.
16. C'est le type même du romantique.
17. Dégagez le message du texte.
18. Au sens figuré, cela veut dire quoi ?

18.2

1. peindre • 2. créer • 3. sculpter • 4. chanter • 5. applaudir • 6. réfléchir à/sur qc • 7. contredire qn • 8. mettre en scène • 9. expliquer qc

18.3

1. un faux/une copie • 2. une exposition temporaire • 3. abstrait, abstraite • 4. inconnu, inconnue • 5. un air • 6. chanter en direct • 7. le parterre • 8. un amplificateur • 9. la sonorisation • 10. un écrivain • 11. un volume • 12. une bande dessinée • 13. un roman policier • 14. le fil conducteur • 15. le suspense • 16. une version abrégée • 17. passionnant, passionnante • 18. avancer une hypothèse • 19. l'action principale • 20. l'état d'âme *m* • 21. un inconvénient

18.4

la musique pop • la techno

18.5

1. une statue en/de bronze • 2. une sonate pour piano • 3. jouer en mesure • 4. un quatuor à cordes • 5. faire ses gammes • 6. la musique de chambre • 7. chanter en chœur • 8. s'abonner à qc • 9. un abonnement pour la saison • 10. interpréter qc à merveille • 11. jouer du piano en virtuose • 12. s'exprimer par bulles • 13. une maison d'édition • 14. un roman à l'eau de rose • 15. un roman de science-fiction • 16. un roman policier • 17. un retour en arrière • 18. se placer dans l'optique du lecteur • 19. prendre position sur qc • 20. être riche en images • 21. un poème à forme fixe • 22. rimer avec qc • 23. s'élever contre qc

18.6

les instruments à vent : une flûte • une trompette • une clarinette • un hautbois
les instruments à corde : une guitare • un violon • un alto • un violoncelle • une contrebasse • une harpe
les instruments à percussion : un piano, un orgue, une batterie, un piano à queue

18.7

Die Lösungen sind natürlich sehr individuell.

19.1 Geschichte

19.1.1

1. La révolution a eu lieu en novembre.
2. C'est une histoire qui remonte à l'antiquité.
3. Il a été sacré empereur à Rome par le pape.
4. Il a fait la guerre, ton grand-père ?
5. Beaucoup de réfugiés ont été soumis à la torture.
6. La constitution reconnaît la liberté du culte.
7. Ma sœur cadette est entrée au couvent.
8. On fait le signe de croix lorsqu'on commence une prière.
9. Dans les écoles privées, l'instruction religieuse sera facultative.
10. 80% des Indiens sont de confession hindou.
11. Le prêtre les a entendus en confession.
12. L'éveque a dit la messe de Pâques.
13. Il ne faut jamais se fier aux apparences.
14. Qu'est-ce que vous faites pour vous remonter le moral ?
15. Le gouvernement fait fausse route.

19.1.2

1. à la fin de • 2. ap. J.-C. • 3. une reine • 4. la paix • 5. la lutte • 6. une défaite • 7. la Collaboration • 8. l'Office franco-allemand pour la jeunesse • 9. l'Union européenne 10. la Banque centrale européenne

19.1.3

1. les Croisades *fpl* • 2. la préhistoire • 3. une ère • 4. l'Absolutisme *m* • 5. une colonie • 6. la Révolution

19.1.4

1. régner en souverain absolu • 2. l'âge du bronze • 3. succéder à qn • 4. entrer dans la Résistance

19.1.5

1. la monarchie • 2. un royaume • 3. la noblesse • 4. la guillotine

19.1.6

1. c), a), b), d) • 2. 2,5 • 3. Vercingétorix • 4. d • 5. Voltaire, Rousseau, Montesquieu, Diderot • 6. le IVe • 7. d • 8. b • 9. la ligne de démarcation

19.2 Religion, Philosophie

19.2.1

1. l'Ancien Testament • 2. faire ses prières • 3. l'enfer *m* • 4. le mal • 5. un effet • 6. l'être *m*

19.2.2

1. la foi chrétienne • 2. le ramadan • 3. laïque • 4. une paroisse • 5. l'Assomption *f*

19.2.3

1. juger qn sur ses actes • 2. mettre qc en doute • 3. être contre par principe • 4. agir en dépit du bon sens • 5. mourir de sa belle mort • 6. être dans l'incertitude au sujet de qc

VIII Abstrakta

20 Zeit und Raum

20.1

1. Dans quinze jours, je serai déjà à Paris.
2. Je suis à la recherche d'un ami de longue date.
3. Je laisse allumé mon ordinateur toute la journée.
4. Pas mercredi, mais mercredi en huit.
5. L'électricité est coupée pendant des heures.
6. Me voilà réveillé(e) de bon matin.
7. On devrait avoir les résultats dans la matinée.
8. La nuit tombe trop vite.
9. Ma montre avance de trois minutes.
10. Une année bissextile est une année de 366 jours / a 366 jours au lieu de 365.
11. J'ai attendu le bon moment.
12. À l'époque, je me couchais vers 3 heures du matin.
13. L'autre jour, Hugues est rentré en pleurant.
14. Je l'ai rencontré / J'ai fait sa connaissance il y a cinq ans.
15. Il y a des billets à partir de 25 euros.
16. J'ai commencé dès l'aube.
17. Entre-temps, j'ai eu la / ma réponse.
18. Le jeune conducteur est mort sur le coup.
19. Elle s'est accordé un délai de réflexion.
20. Il faut recourir au / prendre un / utiliser un mètre pour prendre les dimensions de la fenêtre.

20.2

avant-hier • hier – aujourd'hui • demain • après-demain • l'avant-veille • la veille • ce jour-là • le lendemain • le surlendemain

20.3

1. un quart d'heure • 2. une demi-heure/une demie heure • 3. à 6 heures du matin • 4. en fin d'après-midi • 5. le lever de/du soleil • 6. voyager de nuit • 7. regarder l'heure à sa montre • 8. fin mars • 9. à la fin du mois de mars • 10. deux fois par an 11. avoir le temps de faire qc • 12. passer le/son temps à faire qc • 13. s'orienter vers qc • 14. en sens inverse • 15. à travers l'Allemagne

20.4

1. l'heure d'hiver • 2. à 10 heures précises • 3. en retard • 4. ponctuel, ponctuelle • 5. un trimestre • 6. à la fois • 7. quelquefois • 8. soudain/soudainement • 9. au plus tard • 10. à présent • 11. à l'extérieur de • 12. au-dessous de • 13. en haut de • 14. de loin • 15. étroit, étroite • 16. l'endroit *m* • 17. nulle part • 18. autre part • 19. en arrière

20.5

1. saisonnier, saisonnière • 2. printanier, printanière • 3. estival, estivale • 4. automnal, automnale • 5. hivernal, hivernale • 6. mensuel, mensuelle • 7. annuel, annuelle • 8. éternel, éternelle

21 Farben und Formen

21.1

1. Elle a teint ses cheveux en roux. / Elle s'est teint les cheveux en roux.
2. La Méditerranée est tantôt bleu turquoise, tantôt verdâtre.
3. Le bleu marine va redevenir à la mode.
4. Tracez un rectangle !
5. Il lui est difficile de passer inaperçu avec son béret / sa casquette rouge vif.
6. Les deux rues qui bordent l'immeuble sont en angle obtus.
7. Quand on vieillit / Avec l'âge, la bouche se déforme.
8. Elle a colorié des images.
9. Dans l'hémisphère Sud, les saisons sont inversées.
10. Quelle est la racine cubique de 81 ?
11. Ils portaient des baskets aux couleurs criardes.
12. Elle est actrice et fait de la peinture dans ses moments perdus.

21.2

1. blancs • 2. incolore • 3. en • 4. tracé • 5. droit • 6. en

21.3

1. un cercle - circulaire • 2. un hémisphère - hémisphérique • 3. un cylindre - cylindrique 4. un triangle - triangulaire • 5. une pyramide - pyramidal, pyramidale • 6. un carré - carré, carrée • 7. un cube - cubique • 8. un rectangle - rectangulaire • 9. une sphère - sphérique • 0. un demi-cercle - semi-circulaire • 11. un angle droit - angulaire

22 Mengen, Maße, Zahlen

22.1

1. Il y avait un petit groupe de badauds sur le lieu de l'accident.
2. La plupart du temps, il est assis à la terrasse d'un café.
3. Plus de 30 % des Français ont un animal de compagnie / animal domestique.
4. Nous vous souhaitons bien du plaisir.
5. Aucune de ces deux dates ne me convient.
6. Tous mes enfants ne vivent pas à l'étranger.
7. Nous vous offrons 30 euros pour toute commande supérieure à 300 euros.
8. Certaines / Quelques-unes de ces tours sont hautes de 300 mètres.
9. Je peux investir 100 euros au maximum.
10. Nous n'avons plus du tout d'argent.
11. Cela vaut moins de quarante euros.
12. Il y avait un millier de spectateurs.

22.2

1. de • 2. décroissant • 3. précises • 4. quatre-vingt-un • 5. deux mille cent quarante-trois • 6. cent dix mille quatre cent cinquante-six • 7. part • 8. seul • 9. fait • 10. soustraction

22.3

1. entier • 2. 5/6, 8/6, 7/3, 9/4 • 3. 40 pour cent • 4. 2700 •
5. c) 6. $x^2 + 2x - 8 = (x + 2)(x-2) + 2(x-2) = (x-2)[(x + 2) + 2] = (x - 2)(x + 4)$

IX Allgemeine Begriffe und Strukturen

23 Allgemeine Begriffe und Strukturen

23.1

1. Le produit passe au second plan et on se concentre sur la marque.
2. De nos jours, la quantité passe souvent avant la qualité.
3. Il y a une certaine parenté entre ces deux auteurs.
4. Les prix au détail sont sans rapport avec les prix agricoles.
5. C'est lié à mon éducation.
6. Le mystère ne pourra être tiré au clair que dans plusieurs / quelques mois.
7. Pourriez-vous aller droit à l'essentiel ?
8. Les scientifiques ont découvert la raison pour laquelle / ont trouvé pourquoi certaines personnes ont tendance à être déprimées / sont sujettes aux dépressions.
9. Le métier de mécanicien auto a beaucoup évolué au cours des dernières années / ces dernières années.
10. Caracas menace de rompre ses relations diplomatiques avec Washington.
11. Il a secoué l'arbre pour en faire tomber les pommes.
12. Certes, l'ordinateur fatigue les yeux, mais il ne les abîme pas.

23.2

1. supprimer • 2. aggravé • 3. retourner • 4. pour • 5. établit • 6. avec • 7. occupe • 8. épais • 9. vague • 10. atteint • 11. tirer • 12. à

23.3

1. un point • 2. une virgule • 3. les deux points • 4. un trait d'union • 5. un point d'interrogation • 6. un point d'exclamation • 7. un point-virgule • 8. un tiret • 9. le c cédille / la cédille • 10. les parenthèses *fpl* • 11. les guillements *mpl* • 12. les accents *mpl* / l'accent *m* grave / aigu / circonflexe

Übersicht verwendeter Symbole und Abkürzungen

f	*féminin*	feminin, weiblich
fam	*familier*	umgangssprachlich
fpl	*féminin pluriel*	weiblich, Mehrzahl
m	*masculin*	maskulin, männlich
mpl	*masculin pluriel*	männlich, Mehrzahl
qc	*quelque chose*	etwas
qn	*quelqu'un*	jemand
(CD) 1	Tracknummer auf der CD-ROM vom *Thematischer Grund- und Aufbauwortschatz Französisch*	

Bildquellenverzeichnis: 10 Fotolia LLC (Manipulateur), New York; 11 Fotolia LLC (Forgiss), New York; 34 Geoatlas, Hendaye; 35.1 Fotolia LLC (Aleksandar Todorovic), New York; 35.2 shutterstock (MarFot), New York, NY; 35.3 Fotolia LLC (Mark Stout), New York; 35.4 Fotolia LLC (Starush), New York; 35.5 Fotolia LLC (Amir Kaljikovic), New York; 35.6 Fotolia LLC (Graça Victoria), New York; 37.1 Getty Images, München; 37.2 Getty Images (Jason LaVeris/FilmMagic), München; 43.1 JupiterImages photos.com, Tucson, AZ; 43.2 Imago, Berlin; 43.3 Inter Topics GmbH (UPI/David_Silpa/Landov), Hamburg; 47.1 shutterstock, New York, NY; 47.2 Fotolia LLC (Anthony Hall), New York; 47.3 Agence Cinquième Pouvoir, l´Authentique de SEB; 47.4 iStockphoto (Olga Zinatova), Calgary, Alberta; 47.5 shutterstock (Jump Photography), New York, NY; 47.6 Fotolia LLC (Danielle Bonardelle), New York; 47.7 iStockphoto (Alina Solovyova-Vincent), Calgary, Alberta; 47.8 shutterstock (Photostudio 7), New York, NY; 54 Fotolia LLC (Tjall), New York; 56.1 iStockphoto (SpxChrome), Calgary, Alberta; 64 Fotolia LLC (Richard Villalon), New York; 66 Klett-Archiv (Annie Costantino), Stuttgart; 78.1 Fotolia LLC (Richard Villalon), New York; 78.2 Fotolia LLC, New York; 90 iStockphoto (Btrenkel), Calgary, Alberta; 93.1 Fotolia LLC (Objectsforall), New York; 93.2 Fotolia LLC (iMAGINE), New York; 93.3 Fotolia LLC (Onidji), New York; 93.4 laif (Michel GARNIER/Hoa-qui/Eyedea Illustration), Köln; 93.5 / 93.6 Fotolia LLC (Michel Bazin), New York; 98 Fotolia LLC (Gghy), New York; 102 Imago (Zuma/Keystone), Berlin; 112 Geoatlas, Hendaye; 113 Fotolia LLC (Herreneck), New York; 114 Fotolia LLC (WOGI), New York; 116.1 / 116.2 / 116.3 / 116.4 / 116.5 / 116.6 / 116.7 / 116.8 / 116.9 / 116.10 / 116.11 Klett-Archiv (Sven Palmowski, Barcelona), Stuttgart.
Nicht in allen Fällen war es uns möglich, den Rechteinhaber der Abbildungen ausfindig zu machen. Berechtigte Ansprüche werden selbstverständlich im Rahmen der üblichen Vereinbarungen abgegolten.